A DIOS Y A LOS PIBES

RED
FLAG
RED
FLAG

MI CRUSH

NOVIAZGO, SEXO, CAPRICHOS Y OTROS MAMBOS...

LUCAS MARIN

PATMOS

Mi crush: noviazgo, sexo, caprichos y otros mambos...

Publicado por Editorial Patmos
Miramar, 33027.

Diseño de portada y tipografía por Fabio Lelli.
Arte interior por Editorial Cedro del Líbano.
Editado por Emmanuel Susbiela.
Colaboraron en la corrección y contenidos: Catalina Knigge, Horacion Habdia Young, Juliana Matarrita, Natalia Arraigada y Noelia Arraigada.

ISBN: 978-1-64691-479-1
ISBN: 978-1-64691-480-7 (eBook)

Categoría: Vida cristiana / Jóvenes.

Impreso en Brasil | *Printed in Brazil*

INTRO

Luego del lanzamiento de mi primer libro *Descubriendo la posta*, sucedió algo inesperado: a ustedes les gustó, empezaron a comprarlo y a recomendarlo. Y, aunque antes predicaba y daba conferencias, comenzaron a invitarme a eventos, campamentos y congresos para hablar de relaciones. Nunca me pidieron que comparta sobre un tema de manera tan puntual como con las relaciones interpersonales.

Pasaron 3 años, muchos eventos, específicamente más de 300, y un sinfín de preguntas sobre este tema en Instagram (en promedio casi 30 preguntas por día). Noté patrones en común en sus consultas, algunos relacionados a *Descubriendo la posta* y otras dudas generales que no había abordado en ese libro, pero que habitualmente hablaba por redes. Por ejemplo, muchos de ustedes me dijeron «me encantó el libro, pero faltó hablar más de noviazgo», «necesitás hablar sobre cómo conocer gente», «me gustó, pero me quedé con dudas sobre las citas», «fue muy bueno, pero no sé cuándo cortar mi noviazgo o si debo esperar a que las cosas cambien», «me encantó... pero quiero más» y comentarios similares.

Los entendí, los escuché y respondí muchas de las preguntas; pero me di cuenta de que faltaba una segunda parte. Por lo tanto, el temario, el índice, los títulos, los subtítulos y todo el desarrollo en estas páginas está hecho sobre la base de respuestas que les brindé a ustedes en congresos o campamentos, y conceptos que tuve que ir desarrollando con el tiempo, debido a sus inquietudes. No me gustaba la idea de hacer un libro de preguntas y respuestas, así que opté por desarrollarlo como el primero, *como si nos estuviéramos tomando un café mano a mano,* hablando de tus relaciones y mambos.

Esto es un complemento a *Descubriendo la posta*, que, dicho sea de paso, ¡gracias a ustedes fue un éxito total! Me sorprendí tremendamente por su repercusión. Soy malo para mi propio *marketing*, y por eso ustedes lo hicieron posible. En un país donde solo el 1% de los libros publicados vende más de 100 copias, sobrepasamos los 4.500 ejemplares físicos vendidos. Y aquí estamos, listos para disfrutar un nuevo proceso. En la continuación de este camino, por momentos, citaré mi libro anterior para poder ir más profundo. Si no lo leíste, te recomiendo hacerlo. Pero tranquilo que, de todas maneras, este libro se entiende por sí solo.

Vamos a ir más profundo, más detallado y más específico en este proceso relacional que tanto nos inquieta, pero, como siempre, buscando #LaPosta.

MI CRUSH

Nací, crecí y me convertí en un adolescente. Gusté, me enamoré y me rompieron el corazón. Sané, me lo volvieron a romper (yo rompí algunos también), me arrepentí y pedí perdón. Me pidieron perdón, sané, me animé a creer en el amor.

Me puse de novio, corté, me aislé, perdí, gané, volví a sanar. Volví a gustar, me volví a poner de novio, amé y me casé. Prometo que esta historia continuará...

Este es el proceso amoroso que la gran mayoría hemos tenido. Quizá pasaste por todo lo que menciono o estás en el medio de alguna de esas etapas. Por eso decidí titular a este libro «Mi crush»: hace referencia a ese amor platónico o ideal con el que todos alguna vez soñamos. Con esto, no pretendo hacer que conquistes a tu platónico, pero sí que aprendas a construir relaciones reales, puras y genuinas. En lo personal, desde chico, siempre fui bueno buscando amigos pero bastante malo en eso de encontrar el amor. Desde esa época pensé que era necesaria una guía práctica para establecer relaciones; porque siempre nos enseñaban lo que **no** había que hacer, pero nadie nos enseñó cómo hacer las cosas bien. Es fácil decir «eso está mal», pero es raro escuchar «así se hace bien».

Ha llegado el momento, y este libro es el resultado de un adolescente escritor, un joven pensador y un ser humano que intenta hacer las cosas bien por amor a Dios y a quienes lo rodean. Llevo muchos años estudiando y hablando con ustedes sobre estos temas, he escuchado muchas conferencias y he pedido cientos de consejos a personas que amo y me han ayudado; por eso, puedo decir que es hora de escribir lo que, para mí, es el recorrido relacional sano que todos nos podemos proponer. Pretendo en *Mi crush* reivindicar el sentido de las relaciones, animarte a creer en amar de verdad y explicarte cómo hacerlo.

No tengo todas las respuestas, pero vengo con una ametralladora de preguntas. Tampoco tengo todo resuelto ni creo haber llegado a la meta final, pero sé dónde apunto y voy en esa dirección. Te propongo ir juntos, creo conocer el camino y los elementos necesarios para el viaje.

MORAL REVOLUTION

Somos seres relacionales por naturaleza, y creo que el sentido de la vida, en gran parte, tiene que ver con nuestra capacidad de relacionarnos significativa y sanamente.

Las redes sociales nos han dado una falsa sensación de compañía, la virtualidad pretende «conectar», pero es una conexión bastante superficial: podemos vincularnos, pero nunca termina de ser lo suficientemente profundo como el cara a cara. Nos cuesta tener amigos, somos buenos *reaccionadores* de historias, pero poco sabemos de contarlas. Usamos emojis para manifestar nuestras emociones, pero rara vez nos reímos a carcajadas o lloramos en confianza de manera desconsolada. Nos molesta cuando nos clavan "el visto", pero no nos molesta estar callados en una mesa mirando el celular.

Es por eso que, como punto de partida en este recorrido, propongo una **revolución moral.** Sin embargo, siéndote honesto, poco tiene de revolucionaria, ya que, en realidad, es volver al origen y reivindicar las bases. Creo que hoy, lo revolucionario, es querer ser fiel, hacerse responsable de lo que uno siente y lo que hace sentir. Hoy día es revolucionaria la lealtad, la comunicación sana, el respeto mutuo, el sexo solamente para el matrimonio y el amar al otro de verdad.

Porque en realidad, siempre hay temor detrás de todas las tendencias inmorales y de moda. Temor a querer y no ser correspondido, temor a entregar un corazón y que no sea cuidado, temor a ser engañado. Creo que el temor hace que nos vayamos «acostumbrando» a lo que hay y no a lo que podría ser, a lo que «me tocó» y no a lo que podríamos construir.

Y, para sostener eso, empezamos a inventar ideologías, términos para describir y defender lo que tenemos, que no sabemos ni logramos definir del todo, pero es lo que creemos que nos toca; sin saber que podríamos elegir algo más verdadero, puro, y trascendental.

Se promueve la poligamia porque asusta la monogamia; promueven el sexo sin compromiso porque le temen al compromiso; promueven usar al otro para saciarse porque no han probado la integridad como bienestar; promueven el libertinaje porque desconocen la libertad; promueven la infidelidad porque desconocen la lealtad; promueven lo fluido, simplemente porque no pudieron establecer lo estable; promueven lo pasajero porque no saben cuál es el destino; promueven el desinterés porque les asusta la responsabilidad. Promueven el engaño porque nunca sanaron.

«¿En serio vas a acostarte con una sola mujer toda tu vida?», me preguntó un compañero de la facultad días antes de casarme. «¿En serio no vas a saber lo que es que una mujer te elija todos los días de tu vida?», le respondí.

Me apodaron «el virgo» y me lo adueñé, lo consideré un elogio. Me decían anticuado, y ellos se adecuaron a la nada misma. La revolución moral es reivindicar el plan inicial. Lo que creo, quiero, sueño y pretendo es que toda una generación pueda vivir en esa revolución.

SÍ QUIERO AMAR DE VERDAD.

SÍ QUIERO CREER EN EL AMOR.

SÍ CREO EN LA FIDELIDAD.

SÍ CREO EN LA MONOGAMIA.

SÍ CREO EN EL AMOR ROMÁNTICO.

SÍ CREO EN EL AMOR BÍBLICO.

SÍ CREO EN EL «PARA SIEMPRE».

SÍ CREO EN LA HONESTIDAD.

SÍ CREO EN MIRARSE A LOS OJOS Y VERLOS BRILLAR DE AMOR.

SÍ CREO EN EL ABRAZAR Y SENTIR UN SINCERO PALPITAR.

SÍ CREO QUE YO PUEDO VIVIRLO.

SÍ CREO QUE EL AMOR TIENE NOMBRE.

Dios es amor. Él es el estándar, el principio y el final (si no creés o no has escuchado mucho de Dios, quedate tranquilo, seguí con las páginas de este libro que estoy seguro de que te van a servir y vas a terminar compartiendo estos principios y consejos que desarrollo). No dejes de leer, porque citaré a Dios en varias ocasiones. Y lo hago porque es, literalmente, quien me enseñó a amar. Este libro de amor y relaciones, sin **el amor** presente que es Dios, no tiene sentido.

Mi propuesta para esta **revolución moral** es: lo puro para valorarnos, el cuidarse como un acto revolucionario, el guardarse como el quererse, el amor como estándar, la sinceridad como elección, la verdad para disfrutar, el cuidar para ganar y la integridad para saciar.

Vamos de vuelta...

EL AMOR COMO ESTANDAR.

LAS RELACIONES COMO MEDIO.

LAS AMISTADES COMO COMPAÑERAS DEL PROCESO.

EL CONOCERSE INTENCIONALMENTE COMO ARRIESGARSE A SER MÁS QUE AMIGOS.

EL NOVIAZGO SERA LA PREVIA O SERÁ EL APRENDIZAJE.

EL MATRIMONIO PARA DISFRUTAR TODA LA VIDA.

¡A POR TODO!

MiCRUSH
RED FLA

MOODS

¿En qué *mood* estás? El comienzo de este viaje busca entender en *dónde estás* parado, saber *para qué estás* en lo personal antes de aprender *cómo te vas a relacionar* con el otro. La idea es analizar cuál es tu situación actual.

En la vida tenemos diferentes *moods*, modos, momentos en los que queremos relacionarnos y otros en los que no.

La realidad es que todos disfrutamos de ciertos momentos de soledad, pero no es sano aislarnos para vivir en solitario. De hecho, hemos sido creados para relacionarnos; somos seres relacionales por naturaleza. Todos necesitamos del otro, los vínculos nos hacen crecer. Cuando nos relacionamos, crecemos; cuando no lo hacemos, nos estancamos.

Depende la edad que tengas, te podés encontrar *chill*, solo, relajado, sin ganas de nada, o interesado en que surja algo, viendo qué pasa. Si llevás mucho tiempo en este último estado, es probable que ya te sientas desesperado, y tu *mood* repercutirá directamente en los círculos de relaciones que se generen a tu alrededor.

No está mal ninguno de estos modos, todos se pueden disfrutar. Pero hay algunas cosas a tener en cuenta. Por eso, desarrollaré brevemente cada uno.

SIN GANAS DE NADA

Cuando no tenés intenciones de iniciar una relación, es un buen momento para conocer y darse a conocer sin presiones. Y, el hecho de que no tengas ganas de entablar una relación formal, romántica o seria, no implica que no puedas entablar otro tipo de relaciones. Cuando no tenés ganas de nada, lo mejor es aprovechar para hacer amigos. *Gran* momento, con muchos amigos y muchas amigas.

La precaución en este *mood* tiene que ver con que los vínculos que generes sean con la misma intención, solo amigos. Y siempre, en cualquier *mood*, necesitamos estar abiertos al cambio, ya que no nos vamos a mantener así toda la vida.

CON GANAS DE TODO

A todos nos llega el momento en que nos abrimos al amor o, de alguna manera, creemos que sería muy bueno que eso suceda. Cuando hay ganas de «algo», estás abierto, querés conocer, te interesa y estás dispuesto.

En esta etapa es donde tenés que ser *intencional*, porque esa es la cualidad que hace que las cosas sucedan, en lugar de esperar a que ocurran por sí solas.

¿TE INTERESA CONOCER A ALGUIEN? HABLALE.

¿QUERÉS PROFUNDIZAR EN LA AMISTAD? ACERCATE.

¿TE GUSTARÍA SABER SI EL INTERÉS ES MUTUO? PREGUNTALE.

¿QUERÉS SABER QUÉ PIENSA? CONOCELO.

Es simple, pero a veces la complicamos porque estamos esperando conocer al otro sin ningún tipo de intencionalidad. Si vas a tratar a la persona que te interesa igual que al resto de las personas, lo único que pasará es que serán muy buenos amigos (y nada más).

La precaución en este *mood* es definir claramente a la persona de interés. No podés estar «con ganas de todo» con todo el mundo. Ahí es donde empezás a lastimar sin piedad, a jugar con el corazón y a romper amistades.

DESESPERADO

La desesperación no es sexy. Listo, lo dije. Sé que la ausencia de posibles parejas asusta un poco, pero la desesperación nunca es buena: te nubla la vista y entorpece tu sentido común. Genera sordera ante los que te quieren y, en algunos casos, hasta con Dios.

Creo que la mejor forma de lidiar con esto es enfocarte en lo correcto. No significa que no sea relevante encontrar con quién compartir la vida. Pero no es lo único importante. Cuando ese es tu único enfoque, puede volverse contraproducente. Tampoco está bueno que estés totalmente cerrado o cerrada; a veces la persona correcta no aparece porque no hay lugar para que aparezca.

ENTONCES, ¿QUÉ PROPONGO? CAMINÁ ENFOCADO EN TU CRECIMIENTO PERSONAL, ESPIRITUAL, MINISTERIAL Y PROFESIONAL, APRENDIENDO A AMAR Y AMARTE.

La precaución en este *mood* es que las frustraciones no te impidan generar buenas relaciones. Vinculate sin segundas intenciones, relajá, quitate presiones. Propongo que te mantengas abierto a conocer, hacer amistades, ampliar tus círculos y crecer en todas las áreas.

QUE FLUYA

Estás iniciando algo pero no estás demasiado seguro de que vaya a funcionar. Todavía no es algo serio, y ninguno de los dos se anima a ponerle un título. Son buenos amigos, el interés es mutuo, quizá todavía ni siquiera saben del todo si se gustan. Pero pareciera ir muy bien. Entonces, dejan «que fluya», como dicen. Está bien, no hay problema. Pero el fluir no puede ser para siempre, en algún momento hay que construir poniendo las cartas sobre la mesa, blanqueando qué es lo que pasa.

Sobre esto, hay que tener cuidado con la frase «que fluya y que nada influya». Eso es mentira: aunque fluya, todo influye. El entorno, el contexto, las realidades, las etapas de la vida. Es bueno reconocer que toda persona viene con un bagaje de cosas que hacen a la relación. Conocerse con alguien no es solo el atractivo físico; hay una historia, un contexto, una familia que influye y mucho más. Por eso, hay que saber que, a medida que fluye, hay que ir conociendo mucho más de lo que se puede ver.

La precaución en este *mood* es tener cuidado de no caer en una relación irresponsable, en la que nadie quiere asumir un compromiso real. Esta etapa *no tiene derechos ni privilegios de pareja*, simplemente se están conociendo y está bien, con eso alcanza. Pero, si con eso no te alcanza, entonces hay que empezar a construir una relación sin tenerle miedo al compromiso (más adelante hablaremos de eso).

CONFUNDIDO

«Pensé que había algo pero me parece que pensé mal», «Me estaba haciendo la película, y el otro ni siquiera vio el tráiler», «Por un lado me dice que solo somos amigos pero, por el otro, muestra interés, cariño, es detallista, intencional. Me confunde».

Llegó el momento de tener una conversación honesta. Es importante que no te quedes en este mood demasiado tiempo. No digo terminar, pero sí es urgente *aclarar* la relación.

La precaución de este *mood* es no insistir donde no te valoran. Si notás que el interés de profundizar en la relación no es mutuo, la confusión te está advirtiendo que por ahí no es. Si el interés del otro es real, entonces hay que buscar convicciones que sostengan la relación, y esto pasa una vez que se aclaran los tantos.

Las respuestas a las siguientes preguntas necesitan ser convicciones, certezas, conceptos internalizados sin grietas: ¿Me ama? ¿Me quiere? ¿Le importo? ¿Somos exclusivos? ¿Lo que tenemos es real?

EN ALGO...

Si estás iniciando, o hace tiempo te encontrás en una relación, este libro también es para vos. Más adelante profundizaremos sobre cómo «hacer las cosas bien», de amistad con propósito, prenoviazgo, noviazgo y muchas cosas más. Avancemos paso a paso.

Lo que vimos hasta ahora, ¿te trajo muchas preguntas? Tranqui, recién arranca el libro. Por ahora alcanza con que te respondas: «¿En qué *mood* estoy?".

«LA CALIDAD DE TUS RELACIONES DETERMINA LA CALIDAD DE TU VIDA»

JOHN C. MAXWELL

RED FLA

AMISTAD

En el capítulo anterior te pregunté en qué *mood* estabas; y ahora toca sincerarte. En este capítulo buscaré ampliar la base que vamos a necesitar en el resto del libro.

Relacionalmente hablando, **hay etapas necesarias**. Por ejemplo, no es recomendable llegar a un noviazgo sin haber pasado por una amistad: si no saben ser amigos, mucho menos sabrán ser algo más. Vamos a ir desarrollando etapa tras etapa y aprendiendo juntos.

Antes de introducirme en relaciones románticas o amorosas, voy a profundizar sobre amistad y relaciones en general. Necesitás crecer en cómo te relacionás con todo tu entorno. Paciencia que, antes de casarte, hay mucho por aprender.

CUADRO RELACIONAL
AMISTAD
FRIENDZONE
AMIGOVIOS
ZONA HOT
NOVIAZGO
DESENAMORARSE
CASAMIENTO

ETAPAS RELACIONALES

AMISTAD

En mi libro *Descubriendo la posta,* escribí sobre amistad y hablé sobre diferentes círculos que necesitamos desarrollar: íntimos, amigos y conocidos.

Voy a parafrasear lo dicho en esas páginas. Hay un círculo más **íntimo**, donde están los más cercanos. Son aquellos que tienen una llegada directa a tu corazón, a tus emociones, y que influyen directamente en lo que sos. Este círculo puede estar conformado por algunos familiares, amigos de mucha confianza o la persona de la que estás enamorado. Por lo general, no entran más de cinco personas en este grupo. Son los primeros a quienes recurrís cuando algo sucede o hay algo que necesitás hablar. Son personas de máxima confianza.

El segundo círculo es el de los **amigos**. Por lo general, este círculo está compuesto por un máximo de entre 12 y 15 personas. Muchos tienen un concepto de amistad muy fuerte y consideran que los amigos «se cuentan con los dedos de una mano», lo cual está bien; en ese caso, es muy probable que estén hablando de su círculo más pequeño, el de los íntimos. Los amigos de este segundo círculo tienen influencia en tu vida, pero no tanta como los del primero. Comparten algunas cosas con ellos, pero no todo. Por ejemplo, puede que haya amigos con quienes estudies, pero no necesariamente sean los mismos a quienes invites a tu cumpleaños.

El tercer círculo es el de los **conocidos**. Aquí están todos, incluso los contactos de redes sociales o compañeros con quienes no hablás demasiado ni invitarías a tu casa. Por lo general, estas personas no tienen demasiada influencia en tu vida. Te permitís compartir con ellos algunas cosas, pero no les das un lugar mayor. Este grupo puede incluir tantas personas como estés socialmente dispuesto a conocer.

Siguiendo con el desarrollo de esta idea, quisiera agregar **tres grupos** más y pasar a un «plano 3D», que quedaría más o menos así:

Esos diferentes niveles que complementan la cercanía de los círculos, mencionados anteriormente, son: **referentes, pares, trainees**. Paso a desarrollar cada uno.

REFERENTES

Son personas que te inspiran, aquellos que te desafían o impulsan a crecer. También incluyo aquí a las personas a quienes les otorgás autoridad para que te digan lo que piensan, te aconsejen y te guíen. Necesitás a alguien que te diga las cosas con sinceridad, y deberás reconocer en ellos una posición de autoridad para prestar atención a lo que te dicen. Pueden ser tus padres, líderes, pastores o un buen amigo más maduro que vos; en fin, personas que van delante tuyo, enseñándote y ayudándote a pensar con sabiduría cuando no se te da tan fácilmente.

PARES

¡Todos necesitamos pares! Personas con quienes compartimos *chill*, amigos que se encuentren en la misma etapa de la vida que nosotros y enfrenten situaciones similares. No tiene que ver necesariamente con la edad, sino más bien con las situaciones de vida compartidas. Por ejemplo, en la universidad, tenés compañeros de mayor o menor edad y, a pesar de que están cursando las mismas materias o atravesando procesos similares, en ciertos aspectos de la vida, algunos tendrán más experiencia y, en otros, se van a encontrar como pares. Este tipo de amistad, por ejemplo, sería muy enriquecedora para ambos. Necesitás aprender a hacer amistades, buenos amigos y buenas amigas. Hasta que no comprendas este concepto, será bastante difícil avanzar en el aspecto romántico de una relación con el sexo opuesto.

TRAINEES

Este es un concepto que se usa mucho en organizaciones para hablar de un *aprendiz* o una persona en constante proceso de aprendizaje. Para nosotros significará eso, y un poco más: son aquellos en quienes querés aportar, de manera intencional, valor, cuidado, experiencia y conocimiento. Querés sembrar en sus vidas. Probablemente estas personas sean más jóvenes y no hayan atravesado procesos que vos ya has transitado, por lo que decidís invertir en ellos desde lo que has aprendido.

Desarrollo esto porque he notado que no entenderlo nos limita en nuestras relaciones. En líneas generales, hay quienes no saben tener referentes y siempre se posicionan como autoridad sobre los demás, creyendo que lo saben todo y que los puntos de vista de los demás no son suficientemente válidos para escucharlos.

Por otro lado, hay quienes no saben tener pares; les cuesta compartir de igual a igual.

Finalmente, están los que no saben tener «trainees». No se siembran en nadie y su vida se limita a ellos mismos; lo que, tarde o temprano, los lleva al estancamiento.

Es fundamental que puedas entender que necesitás diferentes círculos de relaciones: íntimos, amigos y conocidos. Al mismo tiempo, necesitás diferentes niveles de relaciones: «referentes», que te guíen y sean voces de confianza a quienes escuches; «pares», con quienes compartir relajadamente lo que sos y desarrollar una relación cotidiana; y, por último, pero no menos importante, «trainees», personas en quienes siembres intencionalmente para ayudarlas a crecer, a ser mejores, enseñándoles con humildad desde tu lugar.

¿PUEDE UNA PERSONA OCUPAR DIFERENTES NIVELES DE RELACIÓN?

¡Claro que sí! No estoy hablando de un absoluto para todo. Desde diferentes aspectos, las personas pueden ocupar distintos lugares. Por ejemplo, hay amigos que considero «pares» en lo académico, pero en lo espiritual soy un referente para ellos y puedo aportarles valor. A la vez, los considero «referentes» en el ámbito de las finanzas, por ejemplo.

Debemos tener la sabiduría suficiente para saber en qué aspectos escuchar a cada persona, qué lugar otorgarles, sobre qué tema pedir un consejo; también para saber quién es clave a la hora de relacionarnos.

¿PUEDO TENER AMIGOS NO CRISTIANOS?

Podés y deberías tenerlos, ¿cómo vas a predicarles si no tenés alrededor tuyo? Pero no recomendaría tener amigos no cristianos en tu círculo íntimo, ni otorgarles un lugar de «referentes». Tus amigos no cristianos no deberían influir directamente en tu vida en temas de espiritualidad, valores, creencias y demás. Entonces, ¿cuál sería un buen lugar para ellos? Quizás como amigos y pares. Hasta ahí.

Siempre debés preguntarte quién influencia a quién y cómo crecés al relacionarte con la otra persona. Si cada vez que te juntás con esos amigos, dudás de quién sos, en quién creés o qué querés en la vida, quizás debas tomar un poco de distancia.

EN SERIO, NECESITÁS AMIGOS DE TODO TIPO.

Quisiera hacer un apartado, y dar una opción. Noto, últimamente, una tendencia a «soltar» todo lo que no gusta, lo que incomoda. Realmente, a veces, los amigos te van a incomodar un poco y necesitás aprender a convivir con eso. La incomodidad te hace crecer. Obviamente, no me refiero a que permitas que te hagan bullying o te falten el respeto, pero habrá ocasiones en las que un amigo te dirá algo que no te guste y que sea cierto, y deberías dar las gracias en lugar de enojarte.

Noto también que hay quienes se aíslan mucho porque «nadie los entiende», aunque ellos tampoco hacen demasiado esfuerzo por darse a entender. Entonces, se encierran en sí mismos y dificultan bastante la posibilidad de tener una relación romántica a futuro. Y, si la llegaran a tener, muy probablemente sea poco saludable.

ENTIENDO LO DE APRENDER A SOLTAR, PERO TAMBIÉN NECESITÁS APRENDER A SOSTENER.

Recordá que los niveles de relación son: conocidos, amigos, íntimos; en ese orden. Si sabés tener conocidos pero no amigos, no podrás llegar a la intimidad. En cuanto a relaciones románticas, hay que aprender a ser pares antes de pretender ser pareja. Siempre es necesario pasar por la amistad y, así, crecer de forma saludable.

EN VEZ DE TIRAR INDIRECTAS TIRÁ DATA

A veces nos cuesta aprender a comunicarnos. Pretendemos que el otro sea una especie de adivino de lo que queremos, o que Dios se lo revele. Las indirectas las entiendo en la adolescencia, pero, a medida que vamos creciendo, nos toca aprender a comunicarnos.

Frases como: “Él/ella debería darse cuenta de que me importa”, “Él/ella ya sabe lo que siento, se lo insinué un montón de veces” “Él/ella no me quiere, si me quisiera sabría lo que me gusta, tiene que darse cuenta”, y otras más, están basadas en suposiciones. Cuando supongo que fui lo suficientemente claro como para que el otro entienda, y la realidad es que no siempre funciona así.

A veces escucho frase como: "Ay, pero hasta mi amigo se da cuenta y él no".¡Casate con tu amigo entonces! Si queremos que el otro sepa lo que nos pasa, con ánimo de iniciar una relación, tenemos que aprender a hablar. Ser claros en lo que decimos. Obviamente que, decir la verdad, siempre incluye un riesgo. Por ello, decir las cosas claras sin dar lugar a segundas interpretaciones, requiere de coraje. Porque, si la verdad no es bien recibida, requiere del doble de valentía para aceptarla.

Sin embargo, dejame decirte que, para encontrar el amor y corresponderle, siempre vas a necesitar realizar incómodos pasos de coraje.

No tirés indirectas, tirá data.

SI SEGUÍS
STALCKEANDO
TE SEGUIRÁS
LASTIMANDO

RED
FLAG
RED
FLAG
RED
FLAG

AMIGOVIOS

Esta es la etapa donde ambos saben que se gustan, y aparecen el típico *«Y, ¿ustedes qué onda?»*, seguido de la respuesta de ambos: «Estamos orando», acompañado de un rostro sonrojado. Todo comienza cuando, en algún momento, quedaron conversando a solas, se enviaron mensajes durante días enteros, largas caminatas en un viaje o, «sin querer» coincidieron a solas en un lugar. Allí, se dieron cuenta de que algo pasaba, que había química.

En fin, hablaron y se gustan. Y es mutuo.

ACLARO QUE DEBÉS ESTAR SEGURO QUE SEA MUTUO PARA ESTAR EN ESTA ETAPA, SI NO, PROBABLEMENTE, CORRÉS RIESGO DE *FRIENDZONE*.

¿SALIMOS?

En algún momento de ser *amigovios* tiene que aparecer una primera cita. Muchas veces veo que se avanza emocionalmente en una relación desde la virtualidad, lo cual no recomiendo si todavía no pueden tener una conversación fluida cara a cara. Es un bueno momento para salir, los dos solos, y ver cómo se llevan juntos. Ésto ayudará a saber *qué es realmente lo que pasa*. Las primeras salidas son recomendadas en un espacio donde tengan privacidad pero al mismo tiempo sea público, como una plaza, café, restaurante, parque, etcétera.

¿QUIÉN INVITA A QUIÉN?

¿Siempre el hombre debe invitar a la mujer? ¿Está mal que la mujer lo invite? Bueno, aquí diré algo con lo que quizá no todos estén de acuerdo, pero hay una realidad: para muchas cosas no hay un «dogma» o una sola forma de hacer las cosas. También entran en juego muchas diferencias culturales; depende de dónde me leas, puede que aparezcan criterios diferentes. Para mí, todo tiene que ver con la historia de amor que luego querés vivir y contar. Yo soñaba con ese momento de *invitar a salir a la chica que te gusta*. Si bien a todos nos asusta la idea del rechazo, quería ser yo el que preguntara «¿Te gustaría salir a tomar un café conmigo?» (amo el café, así que, en mi caso, tenía que ser café).

Esa es la historia de amor que a mí me interesaba contar, y es la que te iré contando a lo largo del libro. Pero no todas las historias tienen que ser así.

Mi consejo es que invite el que está más decidido. No me parece «regalada» o «fácil» una chica que invita a salir, pero, si luego te avergüenza decir «Yo lo invité a él», entonces no te lo recomiendo. Sin embargo, suele pasar que uno de los dos realmente **no se da cuenta de que la otra persona está interesada** y no activa, no da el paso correspondiente.

Quiero ser sincero: si pretendemos vivir una relación *ideal*, muy probablemente nunca nos llegue. A veces, tenemos que resignar lo preestablecido por tradición (que el hombre invita a la mujer) y dar lugar a la relación. Quizá no cumplirá del todo con los parámetros ideales, pero sí con los *reales*, y será una historia propia, auténtica y única. Eso sí, reitero, asegurate de sentirte a gusto con la relación que estás empezando a construir.

¿QUIÉN PAGA?

Caemos en respuestas similares a las anteriores. Recuerdo haber ahorrado para mi primera cita. En ese tiempo tenía muy poco dinero, y uno de mis mayores miedos era que ella pidiera algo muy costoso y no poder pagarlo; así que ahorré durantes meses para ese primer café (les parecerá exagerado pero, realmente, tenía muy poco dinero).

Recuerdo que, ese día, finalmente ella pidió un café solo y me sobró dinero para la segunda cita.

Esta es una etapa importantísima para conversar. Tengan citas, caminen, hablen de todo -menos de sexo- y eviten demasiadas proyecciones a futuro juntos. No es momento de preguntar cuántos hijos querrían tener ni qué nombres les pondrían, por ejemplo; ese tipo de conversaciones asustan en las primeras citas y son raras. Pero, fuera de eso, hablen de todo.

INSTRUCTIVO PARA CITAS SALUDABLES SIN *CRINGE*

CONSEJOS PARA AMBOS

Es recomendable que quien invite lo haga de frente, sin muchas vueltas; nada de andar tanteando o esperando mil indirectas. Además, ¿qué puede ser lo peor? ¿Que te diga que no? A lo sumo vas a perder un poco de orgullo y eso a nadie le viene mal.

Ejemplo:

Indirecto:

Él: *¿Qué hacés el sábado? ¿Tenés algo?*

Ella: *No, ¿por?*

Él: *Nada, para saber, qué sé yo... en una de esas podemos tomar mates en el parque.*

Ella: *Ah, bueno, dale. ¿Solos o le digo a alguien más?*

Él: *No sé, como quieras.*

Directo:

Él: *¿Qué hacés el sábado? Si podés y querés, me gustaría juntarnos en el parque. Nos llevamos bien y disfruto charlar con vos, me gustaría conocerte con más* ***intencionalidad****. Somos buenos amigos, pero me gustaría* ***conocerte un poco más****, ¿qué te parece?*

Ella: *Ah, bueno, dale. ¿Solos?*

Él: *Sí, es una cita.*

> ***NOTA:* MARQUÉ EN NEGRITA PALABRAS QUE SI O SI RECOMIENDO USAR EN TU INVITACIÓN.**

También funcionaría el ejemplo viceversa, si fuera ella quien lo invita a él.

» Esta invitación no es una confesión de amor, es una invitación a una cita, nada más. (Dejá tu confesión de amor para la cita, en todo caso)

» Elegí un lugar donde ambos se sientan cómodos, donde se pueda charlar y pasar un buen rato. Tranqui, es una primera cita, nada de arcoíris ni bombones ni barcos o avionetas. A lo sumo un detalle, como un chocolate para despedirse, por ejemplo.

» El enfoque de las primeras citas es conocerse mejor sin presiones, no planificar un futuro ni especular sobre cuándo se casarían. (Les recuerdo que conocerse no hace referencia a la saliva, no todavía)

» Sé auténtico, pero queriendo causar una buena impresión: no finjas ser alguien que no sos, pero tampoco te relajes demasiado. Hay solo una oportunidad para una buena primera impresión.

» No idealices ni canceles a la otra persona con rapidez. Una vez más, date lugar a conocerla.

» La cita debe terminar en el momento correcto. Es preferible que ambos queden con ganas de hablar más a que todo se torne aburrido. Es clave saber cómo iniciar y cómo terminar el encuentro.

» Te recomiendo que le cuentes a dos o tres personas de confianza, cuyas voces consideres valiosas para vos (puede ser un amigo, un líder, un hermano, tus padres, algún «referente»), para que te acompañen y, simplemente, estén al tanto de esto que está arrancando. Recuerda que todavía no sabemos ni qué es ni cuánto durará, ni cómo se llama. No te ilusiones. Fue una cita.

» Al finalizar la salida, no es que comienza un tiempo de intenso ayuno ni de hablar con todas las autoridades de la iglesia, tranquilos. No tiene que enterarse todo el mundo, ni debería.

» Sugiero que quien invite, pague. Es la primera vez, nada de mitad y mitad. Considero que no es una cuestión de machismo ni feminismo. Se llama honra. Querés honrar al otro por el tiempo que te regaló. Si esto sale bien, llegará el momento de dividir gastos toda la vida.

Consejos para las chicas

» Tranquila, es una primera cita, nadie le está proponiendo casamiento a nadie.

» Si mencionás algo sobre vos, después devolvé la pregunta para que te cuente sobre él (no hables solo de vos misma: aunque los hombres hablemos menos, nos gusta sentirnos escuchados, sobre todo cuando hablamos de algo que nos apasiona).

» Al momento de pagar, agradecemos que tengas la intención de poner tu parte; no te dejaremos hacerlo, pero nos gusta decir «Dejá, yo invito». Cuando no está la iniciativa para pagar de parte de la mujer, nos sentimos usados, como si fuera la obligación del hombre. Queremos hacerlo, pero no estamos obligados. Un simple gesto de tu parte, como atentar a pagar lo tuyo pero luego aceptar la invitación, quita esa sensación.

» Al finalizar, ayudá con un pie para saber si da salir de nuevo o no. No sos regalada por decir «La pasé bien, espero que se repita». Simplemente, estás demostrando interés en la cuestión.

» No todos los hombres son iguales. Cuando la cita comience, intentá que tu prejuicio esté en cero; es injusto juzgar a quien está en tu presente por culpa de quien te falló en el pasado. Solo fijate de no elegir siempre el mismo tipo de personas. Date una oportunidad también.

Consejos para los chicos

» Si bien, anteriormente, he recomendado que invite el que está más decidido y que sea esa persona la que pague, en este apartado para los chicos, quiero una charla de hombre a hombre. Te recomiendo que seas vos quien invite y que seas vos quien pague. No te vas a arrepentir y, en el caso de que no funcione como esperabas, vas quedar como un caballero y eso siempre suma.

» Si ella quiere hablar, dejá que hable, a todas les gusta que las escuchen. Pero si calla, está esperando que hables. Hablá sobre cosas que les interesen a los dos (no solo fútbol).

» Si mencionás algo sobre vos, después devolvé la pregunta para que te cuente sobre ella (no hables solo de vos mismo, te hace quedar engreído).

» Hacela reír, pero de manera tal que rían juntos. Si se ríe de vos, estás siendo un payaso (eso no es muy bueno, a menos que quieras ser solo su amigo). Si te reís solo, en realidad no es gracioso.

» Si ella está muy cerrada, no te lo tomes como algo personal. Quizá la última vez que estuvo en una cita, comenzó una historia que finalizó con un «bobo» que no la supo valorar: demostrale con el tiempo y los detalles que sos diferente.

» Al llegar a casa, mandale un mensaje y dale las gracias por el rato compartido.

ES INJUSTO
JUZGAR
A QUIEN ESTÁ
EN TU
PRESENTE
POR QUIEN
TE FALLÓ
EN EL PASADO

LOS CASI ALGO

A medida que avanzan las citas, y están pasando más tiempo juntos, hablan muchas horas por día y la verdad es que va todo bien. Entre otras cosas, empieza a crecer la confianza y suele pasar que también crecen el contacto físico, las conversaciones profundas y los momentos a solas.

Aquí viene la pregunta: «Ahora, que ya sabemos que nos gustamos, ¿nos podemos besar? ¿Hasta dónde están los permitidos en la etapa de "amigovios"?».

Bueno, considero que si este libro ha llegado a tus manos, has superado la niñez y la preadolescencia, por lo menos. Si sos un preadolescente leyendo esto, primero te felicito por leerlo; segundo, quiero que sepas que, para vos puntualmente, el consejo sería: no te recomiendo todavía casi todo lo que leas en este libro.

Pero, al resto de los humanos leyéndome, les digo que la pregunta para esta etapa no es «¿Qué tanto podemos avanzar física o emocionalmente?», sino «¿Qué tanto nos podemos conocer como individuos?». Es decir, qué tanto pueden conocer a la persona que les gusta, más allá de lo que ya saben que les gusta.

Estarás pensando «*Bueno, sí, pero todavía no me decís si puedo besar o no, ¿qué sí y qué no en esta etapa?*». Antes de mencionar esto, que tal vez te estás preguntando, necesito explicarte los **compromisos y privilegios.**

Los **privilegios** son esas ventajas especiales, tratos o permisos exclusivos que le otorgás a alguien por decisión. ¿Quién tiene el privilegio de un beso? ¿Y de un abrazo? ¿Quién debería de tener el privilegio de dormir con vos? ¿Y de tener sexo?

El **compromiso** es una obligación contraída, asumida por decisión propia; en este caso, para con otra persona. Es normal que las relaciones, a medida que avanzan en confianza, conocimiento y afecto, también avancen en intimidad (entendiendo por intimidad a *exclusividad*, tratos únicos con esa persona). Pero, además de intimidad, deberían de avanzar en compromisos. De hecho, lo ideal sería que sucediera al revés: a medida que haya mayores compromisos, daremos lugar a la intimidad y, por ende, a los privilegios.

Por ejemplo, yo tengo el privilegio de dormir todas las noches con Naty, mi esposa, pero he asumido un compromiso de fidelidad, lealtad y amor para toda la vida.

Un compromiso grande me ha otorgado grandes privilegios. El problema sucede cuando otorgás privilegios a quien no ha demostrado compromisos. Es entonces que los privilegios no se valoran porque, simplemente, no costaron. Y lo que a uno no le cuesta, no lo valora.

Por ejemplo, si la persona con quien estás avanzando todavía ni habló a sus amigos o familiares sobre vos, esa relación todavía no es seria; si lo fuera, buscaría asumir un compromiso público. Cuando estamos convencidos, queremos decir. «Esta es la persona» y que todos lo sepan; pero, cuando eso no pasa, todavía faltan compromisos y no es momento de más privilegios. Si los compromisos van lento, los privilegios también deberían mantener el mismo ritmo.

NO LE OTORGUES PRIVILEGIOS A QUIEN NO HA DEMOSTRADO COMPROMISOS

«Estamos orando» me dicen, y viven besándose en lo oscurito, dejando que «fluya» el fuego (y no exactamente el del Espíritu Santo), corriendo el riesgo de quemarse. Y, cuando están a punto de quemarse, deciden parar porque «todavía no son novios».

Esto no tiene sentido, lleva a la superficialidad. Este tipo de relaciones se basa en lo físico y en la atracción sexual. No es argumento suficiente para sostener una relación.

Vuelvo a preguntar: ¿Quién tiene el privilegio de un abrazo? ¿Quién tiene el privilegio de un beso? ¿Quién tiene el privilegio de tomarte de la mano? Todas estas son respuestas que tendrás que encontrar con base en el compromiso que se han demostrado mutuamente.

En nuestro caso en particular, recuerdo que Naty me pidió que **no** nos diéramos besos en esta etapa de «amigovios». Voy a reconocer que yo no estaba de acuerdo, quería besarla desde la primera cita porque realmente me gusta mucho, pero decidí respetar su pedido y no insistir en algo que era importante para ella.

Le dije, todo orgulloso, «Está bien, pero te prometo que el primer beso vas a querer dármelo vos a mí ☺» ¡Jaja!

Pasaron los meses y, apenas le propuse que fuera mi novia, dijo que sí. Lo confirmó con un «Ya podemos besarnos», y me dio un beso muy tierno que jamás olvidaré.

LA ATRACCIÓN NO ES ARGUMENTO SUFICIENTE PARA SOSTENER UNA RELACIÓN.

Hoy día, es algo que recomiendo muchísimo. Es bueno no besarse durante el tiempo de «amigovios», la que considero como primer etapa de exclusividad en la relación. Me parece altamente recomendable no involucrar el físico, por la simple razón de que te obliga a conversar más. Si te estás besando, no estás hablando y, como dije antes, esta es una etapa de **muchas conversaciones**. Además, el físico antes de tiempo complica las cosas, lleva a confundir lo que sentimos con lo que nos produce placer o excitación: el «amor eros» (que tiene que ver con el físico y la atracción) es el más fácil de alimentar, y créanme que, cuando hay atracción, fluye.

La pregunta correcta , en esta etapa, es: **¿Hay algo más que atracción en nuestra relación?** Esa respuesta la van a descubrir construyendo todo lo que no implica físico antes.

Enamorados

Han charlado mucho, ha pasado el tiempo y se dieron el lugar suficiente para conocerse. Mientras más lo hacen, más te gusta, y es inevitable. Querés estar todo el día juntos, y sentís algo que no habías sentido nunca antes o, por lo menos, no de esta manera. Es sano, básicamente, *fluye*. Tenés ganas de decir «Te amo», pero todavía no te animás del todo; creés que eso que estás sintiendo es amor pero todavía no lo sabés. Pensás en el otro todo el día. Decís: «La verdad es que creo que me enamoré, nunca lo había pensado ni sentido así; estoy medio tonto/a, embobado/a, me olvido de las cosas, me río de la nada. Un mensaje de esa persona me alegra el día sin siquiera haberlo leído».

Dicen que enamorarse es como sentir mariposas en la panza, y te pasa un zoológico por el cuerpo entero.

Leí por ahí que *«uno elige a quién amar, pero no de quién enamorarse»* y la realidad es que puede ser. Todos coincidimos en que nos hemos enamorado de cada «error»,

QUE ESTÉS ENAMORADO, NO SIGNIFICA QUE ESTÉS LISTO

¡jaja! Pero, **que estés enamorado no significa que estés listo**. Es un buen indicador, un indicio de que todo va encaminado, pero no significa que estén listos para formalizar una relación.

En la etapa del enamoramiento, un período que en un momento finaliza, hay que tener en cuenta algunas cosas.

Cuando estamos enamorados no solemos ver el panorama completo, elegimos qué mirar. Como miramos lo que más nos gusta, terminamos creyendo una parte de la realidad, la que más disfrutamos. Por lo tanto, en la etapa del enamoramiento, es donde te recomiendo que elijas tus **voces de confianza**, personas que te ayuden a ver el panorama completo.

Estas voces de confianza son aquellas personas a las que te vas a proponer escuchar, aunque te incomode, moleste o confronte lo que digan. Quizá no te guste lo que digan, pero tenés que proponerte escucharlas porque está decidido de antemano. Te recomiendo que, entre tus voces de confianza, haya un amigo que te quiera mucho y que te conozca hace tiempo; algún líder, mentor, pastor; y tus padres (o por lo menos uno de ellos).

Puede haber más personas, aunque tampoco es recomendable hacer tan pública la relación hasta no formalizarla (ni tampoco publiques demasiado en redes sociales); es bueno que sepan los que tienen que saber, y nada más.

¿QUÉ SOMOS?

Las relaciones son todas diferentes. Como dije anteriormente, cada uno decide qué historia de amor quiere vivir y contar. Toda relación saludable crece de forma natural, y crecer implica estar dispuestos a avanzar en compromisos (en privilegios todos quieren avanzar, obvio). Las relaciones van madurando y llega un momento en el que *no alcanza con ser amigos*. Recuerdo la frase textual que le dije a Naty en una de nuestras citas: «Che, cada día tenés más cara de novia mía, ¿eh?». Naty se rió como diciendo «y no sé qué más estamos esperando».

Tampoco es para tomarlo a la ligera, hay que estar listos para asumir un noviazgo, pero más adelante hablaremos de eso. Por ahora, diría que el riesgo de extender demasiado un *aminoviazgo* es el de caer en un noviazgo sin título; es decir, que viven como novios, se exigen como novios, se tratan como novios pero no son novios. Esto suele intoxicar las relaciones.

O lo somos o no lo somos. Pero no nos tratamos como si fuéramos, porque eso nos confunde.

Si estás en una amistad con propósito, me toca preguntarte: «Si mañana fueran novios, ¿qué cambiaría en la relación?». Si la respuesta es: «Nada, solo el título», ya estás viviendo un noviazgo. Si quieren cuidar la relación, mi consejo es que la oficialicen poniéndole el título de lo que es. (Antes de ponerte de novio, te recomiendo que leas este libro hasta el final)

Si se te ocurren diversas respuestas ante la pregunta «¿Qué cambiaría?», adelante, muy probablemente vayan bien con su amistad con propósito y puedan estar un poco más de tiempo así. Quizá falten conversaciones, experiencias, conocerse, y está muy bien; en esta etapa, no está la necesidad de forzar el noviazgo.

Sin embargo, si al haber pasado unos seis u ocho meses de esta secuencia de citas, salidas, charlas intencionales, y no hay interés de un próximo paso, repensaría: ¿Qué seguridades y certezas necesito para animarme a entablar una relación formal con esta persona? ¿Por qué, aunque me siento enamorado, no me siento seguro? ¿Qué cosas tienen que cambiar para que podamos sentirnos seguros de entablar un noviazgo?

Antes de ponerse de novios, tengan en cuenta el siguiente recordatorio:

EL NOVIAZGO ES TARDE

El noviazgo es tarde para ver si se gustan.

El noviazgo es tarde para ver si respeta.

El noviazgo es tarde para prestar
atención a sus tratos.

El noviazgo es tarde para notar sus ganas de crecer.

El noviazgo es tarde para ver si se esfuerza.

El noviazgo es tarde para ver si estudia.

El noviazgo es tarde para ver si
disfrutan estar juntos.

El noviazgo es tarde para ver si comparten
expectativas y metas en común.

El noviazgo es tarde para ver si viven su fe y
creencias de la misma manera.

El noviazgo es tarde para ver si ama a Dios.

El noviazgo es tarde.

¿Por qué digo que es tarde? Bueno, porque todas estas cosas hay que verlas antes de ponerse de novios. Muchas veces nos enojamos cuando nos dicen «esperá», «andá de a poco», «despacio». La mayoría de las veces que recomiendo que esperen es porque no veo que cuenten con el suficiente conocimiento del otro para encarar un nozviazgo. Cuando no hay base y se construye hacia arriba, tarde o temprano todo se desmorona.

Pero, la realidad, es que no es tan complicado. Cuando vamos demasiado rápido, hay mayor probabilidad de equivocaciones. Y, aunque equivocarse no es el fin del mundo, siempre tiene consecuencias. Cuando se juega con el corazón, se suele lastimar. Y lastimar tarda en sanar.

Por eso, es preferible preguntar mucho, conversar, compartir, caminar relax y crecer.

Atracción sobra.

Ganas de besar también.

Lo que hay que buscar es ganas de hacer las cosas bien.

MiCRUSH
RED FLA

RELACIONES A DISTANCIA

Cuando de relaciones a distancia se trata, hay infinidad de variables. He visto tantas historias de amor, como de terror, con parejas a miles de kilómetros de distancia. Dividiría estas variables en dos grandes grupos: (1) aquellos que se han conocido personalmente pero luego les tocó continuar la relación a la distancia, y (2) personas cuyo contacto siempre fue desde la virtualidad y jamás se vieron personalmente.

Si ya se vieron personalmente:

» Tené citas desde la virtualidad, pero recordá que «intencionalidad supera intensidad». En vez de estar *whatsapeando* todo el día, es preferible hacer una hora de videollamada donde priorices atención y tiempo de calidad.

» Que sea a la distancia no significa que no sea una relación seria. Por lo tanto, debe tener proyección. Planificá: ¿Cuándo nos vemos? ¿Venís? ¿Voy yo? ¿Cuándo nos gustaría ponernos de novios? Sean claros con las expectativas.

» Ser honestos con opciones a largo plazo. ¿Uno de los dos está dispuesto a mudarse hacia el lugar de residencia del otro? ¿Están abiertos a un cambio de vida que implique otra cultura, trabajo y entorno?

» Hacé a Dios parte del plan. No te apures, las relaciones a distancia suelen ir a un ritmo más lento, es entendible. No te apresures.

Si no se vieron personalmente:

» Ser honestos con la edad, las situaciones de vida, la profesión, la economía, los estudios, etcétera. Una relación fundamentada en mentiras está destinada al fracaso.

» Cuanto antes hablá por videollamada; es muy fácil fingir con fotos, filtros y *apps* de citas. Si hay demasiadas excusas para las videollamadas, probablemente haya algo que se esté ocultando. Revisá que la relación sea segura y realista. Investigá sobre la otra persona, pedí conocer a sus amigos y su entorno. Evitá compartir información personal sensible y, si en algún momento deciden conocerse, asegurate de hacerlo en un lugar público, con algún amigo o tercero de confianza.

» Contale a tus personas de mayor confianza que estás conociendo a alguien de manera virtual. Cuando sea la ocasión, presentalo como un amigo o amiga con intencionalidad de algo más, pero es recomendable que lo sepan desde el principio.

» Definí dónde están. ¿Se están esperando? ¿La espera implica lealtad y fidelidad para ambos?

¿Están orando? ¿Son amigos? ¿Ambos están abiertos a conocer a alguien más?

» Una vez que se vean, aplicá los mismos tips que para cuando *ya se vieron personalmente.*

UNA RELACIÓN FUNDAMENTADA EN MENTIRAS ESTÁ DESTINADA AL FRACASO

IMPORTANTE:

No sos o aparentás soltero mientras estás lejos, y en pareja mientras estás cerca.

Si estás en una relación, tenés que representar el vínculo donde quiera que vayas. Tu vida debe mostrar que mantenés una relación de pareja con alguien más, aunque no esté presente. Actuá como tal.

Si la gente que no sabe que estás en una relación a distancia y te conociera, ¿sabría, por tu manera de conducirte con los demás (sobre todo con el sexo opuesto), que estás guardándote para otra persona o pasaría desapercibido que estás en una relación?

Demostrás qué tan seria es la relación cuando, aunque la persona no está a tu lado físicamente, la cuidás al cuidarte en los detalles. Por ejemplo, si no abrazaría a alguien del sexo opuesto con esa persona al lado, ¿por qué lo haría cuando estamos lejos? Lealtad y fidelidad en los pequeños detalles y hábitos son necesarios.

BASADO EN HECHOS REALES:

Tengo un amigo que tuvo varias relaciones a distancia, desde muy chico. Llegó a hablar hasta 10 horas seguidas por videollamada y a redactar más de 300 mensajes seguidos para responder una cantidad similar de mensajes recibidos. El problema es que, en meses (una vez más de un año), nunca llegó a formalizar un noviazgo. Él sufrió bastante. Este tipo de relaciones generan mucha ansiedad si no se tiene la madurez para llevarse adelante. Al día de hoy, mi amigo está a pocos meses de su boda, pero, en este caso, con una chica que conoció cara a cara.

LE PEDÍ A MI AMIGO QUE ME DIERA SU MIRADA SOBRE EL TEMA Y ALGUNOS CONSEJOS, Y ME DIJO LO SIGUIENTE:

» Si recién estás empezando una relación a distancia, la misma emoción te va llevará a dedicarle tiempo a la otra persona, pero no descuides tu vida fuera de *WhastApp*. Si realmente hay interés y madurez, ambos van a comprenderlo; si hay reclamos intensos, puede que estés siendo utilizado para calmar el aburrimiento o el sentimiento de soledad del otro. Acordar horarios libres para compartir puede ser muy buena idea. Organizá citas programadas donde puedan tener tiempo de calidad (existen miles de juegos, actividades o *apps* para compartir desde cerca, a pesar de la distancia).

» Si ya llevás un tiempo saliendo, es recomendable acordar para verse personalmente, dentro de tu presupuesto y acordado con tus *voces de confianza*. La relación a distancia es una más, que no difiere de los mismos problemas o aciertos que pueda tener una relación tradicional.

» **Las relaciones a distancia suelen ser muy frágiles**, tanto que una caída de *WhatsApp* o *Instagram* puede dejarte incomunicado con la otra persona. En esto, las edades juegan un papel muy importante. No es lo mismo si tenés 15 años y conociste a alguien por un videojuego, o por un encuentro cristiano virtual (preferiblemente la segunda opción); si tenés 17 años, terminaste el secundario y no sabés qué hacer de tu vida; o si ya sos un joven adulto que toma sus propias decisiones.

» También hay que saber que una relación a distancia se puede volver un tanto adictiva. Un mensaje, al tiempo, se transforma en cientos, y las llamadas tímidas se vuelven de horas. Se genera una dependencia tan fuerte que el vínculo se vuelve negativo.

» Una relación a distancia necesita madurez -muchas veces habrá que aclarar malos entendidos para llegar a acuerdos-, intencionalidad -para crear cercanía a pesar de la distancia- y prioridad -para proyectar con responsabilidad- de cada uno para generar una confianza sana.

¡Muchas gracias, amigo, por tus recomendaciones!

Recordá que todas las relaciones son diferentes. Una última sugerencia que me gustaría hacerte es que busques ejemplos de relaciones a distancia exitosas, que quieras imitar, y puedas darle lugar de referentes en tu relación.

Las relaciones a distancia pueden llegar a buen puerto. Sí, se puede. Llegará el día donde la distancia se reduzca a milímetros, pero, como en cualquier relación, requiere del esfuerzo de ambos y de colocar a Dios como centro. Al fin y al cabo, como leí por ahí, *la distancia no separa corazones, solo son miles de kilómetros que los une.*

LA DISTANCIA NO SEPARA CORAZONES, SOLO SON MILES DE KILÓMETROS QUE LOS UNE

CRUSH

NOVIAZGO

«EL NOVIAZGO NO ES PARA ENCONTRAR A ALGUIEN PERFECTO, SINO PARA DESCUBRIR SI DOS PERSONAS IMPERFECTAS PUEDEN CAMINAR JUNTAS HACIA UN PROPÓSITO COMÚN».

ANDRÉS SPYKER

NOVIAZGO POSTA

Qué lindo es cuando todo fluye. ¡Y qué bien se siente hacer las cosas correctamente! No tener que andar a las escondidas o no tener necesidad de mentir. Porque, el que ama de verdad, no necesita esconderse.

Hacer las cosas bien es quererse sin usarse, disfrutarse sin manipularse, brindar exclusividad sin asfixiar, tener conversaciones durante horas y que el tiempo parezca ser siempre poco, no necesitar demasiadas indirectas, tener confianza para expresar lo que uno verdaderamente siente.

Es hermoso cuando se hicieron las cosas bien y ¡finalmente llegó el día! Se pusieron de novios ¡Wooo! Felicitaciones. Comenzas a tener la seguridad de que encontraste al amor de tu vida. Te dijo que sí, son novios. Entonces, subís una foto a *Instagram* y la gente *likea*. Algunos se emocionan, otros se ofenden, se decepcionan, se alegran, y se producen cientos de reacciones. ¡Es el día perfecto!

Entonces, ¿al otro día qué sigue? ¿Vamos al cine de vuelta? ¿Nos besamos infinitamente ahora que podemos y no tenemos que escondernos? ¿Cómo continúa la relación?

Cuando nos pusimos de novios con Naty, una de las preguntas que me hacían, y más ansiedad me generaba, era la típica: «¿Y... para cuándo el casamiento?». Entendía la buena intención de las personas de no querer vernos «caer en pecado» y buscar nuestro bien. Pero, sinceramente, sentía una gran presión que no podía manejar. ¿Cómo hago para juntar dinero para la fiesta de la boda? ¿Y la casa? ¿Y la luna de miel? Un sinfín de preguntas que no tenían respuesta el día después de habernos puesto de novio.

Mientras transitábamos nuestro noviazgo, le propuse a Naty, tomarnos unos meses para conocernos, sin la presión de ahorrar para casarnos, de hablar del vestido o de dónde vamos a vivir. Quería que aprovecharamos este tiempo para conocernos más en profundidad, sin esa presión. Porque lidiar con tanto peso de responsabilidad, al otro día de formalizar un noviazgo, me iba a hacer mal.

Esta es mi experiencia, o que a mí me pasó durante el proceso de novios. Seguramente, también tenga que ver con la edad en la que comenzamos el noviazgo. No es lo mismo tener un noviazgo a los veintipico que llegando a los treinta años. Pero, en ese proceso, busqué en muchos libros de noviazgo la respuesta que tanto me inquietaba, pero nadie decía nada (o, por lo menos, no como yo lo necesitaba). Así que, por primera vez, presento lo que considero y llamaré **etapas de un noviazgo**:

ETAPA 1: APRENDER A SER PAREJA

Pareja significa «ser iguales», «ir de a pares» y, la realidad es que, en la etapa de citas no se logra; ya que ambos están en modo conquista. En las citas se busca conquistar, en la etapa de pareja se busca construír, ir juntos, planificar. Este primer momento implica adquirir cotidianeidad. Sé que parece obvio, pero hay que aprender a construir una relación, aprender a ponerse de acuerdo, aprender a tener conversaciones incómodas y conocerse desde otro lugar, desde las diferencias. Comienzan a surgir inquietudes, como: ¿Qué sucede cuando me enojo? ¿Cómo soy cuando algo no me gusta del otro? ¿Qué cosas me di cuenta que no estoy dispuesto a negociar en una relación?

Una de las tantas conversaciones incómodas que tuvimos con Naty fue por qué yo tenía muchas amigas. Algunas de esas amigas, por momentos, me insinuaban algo más que amistad y yo no me daba cuenta; o, estaban muy pendientes de mi noviazgo y preguntaban «Cómo iba lo nuestro» de una forma negativa. Recuerdo que Naty me pidió que tomara distancia de algunas amigas, y yo no sabía muy bien qué criterio manejar. Entonces, uno de los acuerdos que logramos, fue que **no tendría amigas que no quisieran ser amigas de ella**. Si eran mis amigas, realmente, y me querían ver feliz, iban a querer verme feliz con la mujer de mi vida. Algunas de ellas tomaron distancia, otras se acercaron a los dos y se transformaron en amigas de ambos. Fue muy bueno, tanto que es un acuerdo que sostenemos hasta el día de hoy: **no tenemos amigos que no les interese ser amigos de la pareja.**

Instagram nos ha hecho creer que una relación consiste en viajar, ir a restaurantes y tener experiencias increíbles 24/7. Pero, una relación, se construye con cotidianeidad, en lo doméstico, en el cansancio, en el aburrimiento, en la rutina, en el día a día.

Recomiendo entre seis a ocho meses en la primer etapa, sin hablar de casamiento. Ya saben que se quieren casar; y si no te interesa casarte, no te pongas de novio. En esta instancia no están «probando» a ver si la relación funciona, están *aprendiendo* sobre cómo hacer funcionar la relación. No es momento de averiguar viajes, salones, cocinas y lavarropas. No por ahora. En este tiempo toca aprender a ser pareja, uno del otro, a conversar temas más profundos y relevantes como expectativas de la relación, proyectos a futuro, economía, modelos de familia, sueños que tienen en Dios, cultura de sus casas. Es un tiempo de acompañarse en las actividades del otro, a compartir proyectos y más tiempo.

Con Naty lo hicimos de esta manera, y recuerdo que generamos otra confianza. Teníamos otra seriedad en nuestra relación que nos permitió lograrlo. Aunque, todas estas cosas las habíamos hablado antes, lo habíamos hecho por separado; ahora éramos «juntos». Teníamos que llegar a un acuerdo en muchos puntos que charlamos, porque ya no era conocerse sino construir un mundo juntos. Preguntas que nos habíamos hecho para conocernos: ¿Cómo te gustaría que fuera nuestra casa? ¿Qué es lo que más disfrutás de nuestra relación? ¿En que ciudad o barrio vamos a vivir? ¿Por qué cosas te gustaría que se conozca a nuestra familia? ¿Qué cosas te gustaría que aprendiéramos juntos? ¿Te gustaría que ambos trabajáramos? ¿Qué sueños no te gustaría que resignáramos?. Recuerdo que compramos un cuaderno y acordamos que escribiríamos una lista de sueños para nuestra vida y familia. Anotamos todo tipo de sueños, desde tener una casa con una habitación destinada a la creatividad para escribir y componer, hasta tener un frasco con chocolates para las noches de antojos. Tantas cosas, tanto pequeñas como grandes, que hacen al día a día. *Spoiler: a dos años de casados ya habíamos cumplido la mayoría.*

Esta es una etapa que se debería caracterizar por establecer acuerdos en lo cotidiano; aunque todavía no vivan juntos. Recuerden que están aprendendiendo a anticipar situaciones cotidianas. Por ejemplo: ¿Ella espera que siempre la acompañe a la casa y que vaya a buscarla? ¿Él espera que ella lo atienda? ¿Cómo se dividen los gastos en este noviazgo? ¿Qué cosas les están generando frustraciones y desconfianza al otro? ¿Las pueden resolver juntos? ¿Pelean siempre por lo mismo, porque nunca logran resolverlo? ¿Qué sucede cuando se enojan? ¿Se aíslan o conversan? Siendo novios, ¿qué cosas están aprendiendo el uno del otro que no habían aprendido antes? ¿Hay pedidos que habías hecho para esta relación y sentís que no han sido respondidos? ¿Hay cambios por hacer que has mencionado varias veces y no ves resultados?

Luego de este tiempo recomendado, toca preguntarse:

» La relación que tenemos, ¿nos gusta?

» ¿Es más lo que reímos que lo que lloramos?

» ¿Es más lo que confiamos que lo que celamos?

» ¿Es más lo que nos potenciamos que lo que nos estancamos?

» Desde que estamos juntos, ¿nos apoyamos mutuamente o nos asfixiamos mutuamente?

» ¿Es más lo que hablamos que lo que nos ignoramos?

» ¿Esta relación nos acercó a nuestros seres queridos o nos aisló de todo el mundo?

- ¿Peleamos siempre por lo mismo o vamos resolviendo los desacuerdos que aparecen?
- La relación que tenemos, ¿es la que me gustaría para toda la vida?

Estas preguntas, entre otras, son importantes para saber si es bueno seguir con la relación. Si la mayoría de las respuestas son negativas, quizá este noviazgo no deba continuar. Lo siento, pero lo mejor es terminarlo ahora; donde no hay daños mayores. La relación que tienen no es la que quieren: se aman, se gustan, pero la pareja que hacen no es la que esperaban. Sin miedos, porque puede pasar. A menos que haya habido engaño, que la relación no funcione es responsabilidad de ambos o de ninguno; simplemente no es lo que esperaban y tiene sentido (te recomiendo leer el capítulo «*Cómo cortar*» antes de hacerlo). Si las respuestas son positivas, lo mejor es pasar a la etapa número dos.

Nota: *Tengan muchas y buenas conversaciones, y pocos besos. Ya saben que se gustan, eviten el exceso de contacto físico. La atracción es importante, pero no hay que vivir alimentándola porque siempre se quiere más. Lo que mantendrá una relación por años no es la atracción física sino los acuerdos que se pudieron lograr.*

ETAPA 2: COMPROMISO

El compromiso es hermoso, es caminar de otra manera. La relación tiene otra formalidad. Es cuando se hace público que «esto va en serio, realmente nos vamos a casar». Tiene la ventaja de que ahora se puede planificar con mayor seguridad, porque hay certezas.

Si todo va bien, la relación por naturaleza «quiere madurar», quiere dar el siguiente paso. Recuerdo que, en la etapa de citas con Naty, yo ya quería ser su novio. Ese compromiso no era algo que me pesaba o asustaba. Mientras éramos novios, a los siete u ocho meses, nos preguntamos: ¿Somos felices en nuestro noviazgo? ¿Disfrutamos la pareja que hacemos? Ya queríamos comprometernos. La respuesta fue: *«Estamos felices, venimos bien, realmente nos amamos».* Ahora sí, a comprometerse.

Si sos hombre, te recomiendo que seas romántico, que puedas organizar una propuesta de casamiento inolvidable; no tiene que ver con cuánto dinero gastes, tiene que ver con conocer a tu novia lo suficiente como para hacerla feliz. En cuanto a la propuesta, no te recomiendo preguntarle a tus amigos, sino que preguntale a sus amigas. Si te cuesta identificarlo, ellas van a saber qué le gustaría y qué *no* (a veces uno piensa que es romántico pero genera *cringe*, y ellas pueden darte una opinión más certera).

Antes de hacerlo, tengan una conversación, con preguntas como: ¿Venimos bien? ¿Estamos para dar un próximo paso? Si te propusiera casamiento, ¿dirías que sí?

Preguntas de este tipo ayudan a saber que estamos en la misma página. Las mujeres, la mayoría de las veces, quieren que la propuesta sea una sorpresa, y me parece bien. **Pero chicas, por favor, den algún indicio de que les interesa casarse.** No saben lo traumático que es ver infinidad de *reels* en *TikTok* donde el hombre propone y ella se va corriendo, llorando, y lo deja solo, plantado en el medio de la calle. Realmente asusta, así que hagan saber que a ustedes también les interesa que esta relación avance a la siguiente fase, para casarse.

Una vez propuesto el casamiento, ¡están comprometidos! Pongan fecha, en lo posible entre un año y año y medio como máximo para la boda. No lo retracen más, teniendo en cuenta que ya llevan entre seis y siete meses de novios. Creo que este tiempo es prudencial, porque estarían entre 18 y 24 meses de novios, entre las dos etapas, hasta la boda.

Entonces, comuniquen sus expectativas para la casa, la boda y la luna de miel: qué esperan, con qué sueñan -no deliren, pero sueñen-. ¿Qué sería lo mínimo con lo que estarían felices y agradecidos en la boda y luna de miel? ¿Cuál sería el mayor ideal para estas cosas? Busquen un punto alcanzable dentro de ese rango de expectativas, para no frustrarte pero tampoco delirar.

VAMOS POR PARTES

Aunque la gente suele invertirlo, en líneas generales, recomiendo priorizar en este orden: vivienda, luna de miel y boda.

VIVIENDA

Fijate que dije «vivienda», y no dije «la casa perfecta, hermosamente amueblada y equipada» que deseamos. Estas cosas se construyen de a poco. Quizás tengas la posibilidad de arrancar con casi todo resuelto, y ojalá tengas todo. Pero, si eso no sucede, te puedo asegurar que con una cama, una heladera, un lavarropas, una cocina y una mesa van a estar bien. Después, poco a poco, amoblarás tu casa al mejor estilo «pinterest». Te puedo asegurar que, cuando entrás a tu casa y está el amor de tu vida ahí, no prestás demasiada atención a lo que te falta, simplemente sentís que lo tenés todo.

LUNA DE MIEL

Que estén solos, que dure más de tres días y que, la única preocupación, sea disfrutar. Algunos te dirán que la luna de miel no es importante, pero es **importantísima**. No es lo mismo arrancar en una casa a medio mudar, con todo desordenado, y despertarse en la mañana siguiente a la boda con un colchón al piso, que amanecer frente al mar, en una hermosa montaña o en un parque verde con los pajaritos cantando de fondo. No es necesario un lugar super lujoso, sino que puedan tener tiempo en un lindo lugar para ustedes dos.

BODA

Dependiendo de la cultura de tu lugar, van a variar las formas de casarse, de cubrir costos y tantos detalles que tiene una fiesta de este tipo. Por eso, no quiero entrar en muchos detalles que quizá no puedas aplicar. Por ejemplo, en algunos lugares, se estila que los familiares más cercanos les regalen todo; en otros, la fiesta se solventa entre los mismos invitados con el pago de «tarjetas de boda».

De donde yo vengo, la gente pretende que la invites en su totalidad: tenés que darle comida y bebida a 150 personas, amueblar tu casa y hacer un viaje soñado de luna de miel; todo en el mismo año y con la economía precaria de una pareja joven. Es difícil, pero no imposible con la ayuda de Dios.

Algo que tenés que saber, es que esta etapa genera un alto nivel de estrés y le pone un peso a la pareja que necesitan aprender a sobrellevar. Pienso que esta experiencia es una buena preparación, como pareja, para la vida. Disfruten de su boda y déjense sorprender por Dios y sus seres queridos. La fiesta es linda, pero dura poco. Tu matrimonio es prioridad, no los invitados; no te endeudes solo para aparentar o agradarlos. Repito, no te endeudes.

Nota: *Que la prioridad sea disfrutar, que al final del día no recuerdes tu casamiento como un evento traumático sino como un día donde Dios y ustedes, junto a sus invitados, hicieron público su matrimonio y celebraron un pacto. Este es el motivo del festejo, el resto es decorado.*

ETAPA 3: PREVIA AL CASAMIENTO

Volviendo un poco hacia atrás, esta es la etapa final del noviazgo, los tres o cuatro meses antes de casarte. Es una etapa que también se debe disfrutar, pero se pone a prueba, en muchas ocasiones, la relación. Suele ser una vorágine interminable de imprevistos, cuentas a pagar, cosas por definir, prueba del vestido, contrato de alquiler, etcétera. Y ahora es donde surgen expectativas que no se llegan a cumplir. ¡Y se genera tensión! Te aconsejo proponerte sonreír mucho en esta etapa también. Estás leyendo este libro para casarte solo una vez en la vida. Disfrutá, hay cosas que no son tan importantes como parecen; la foto de *Instagram* no es más importante que la sonrisa de tu pareja. A disfrutar y, una vez más, a disfrutar sin pecar.

Aunque no lo crean, en el tiempo que vengo trabajando con relaciones de noviazgo, he notado que suele ser en esta etapa donde más se cae en pecado. Quizás porque ahora hay más confianza que antes. Muy probablemente, ya hubieron varios besos apasionados y, después de tanto tiempo, la imaginación de ambos puede haber generado fantasías difíciles de controlar. Algunos suelen decir: «Falta poco para casarnos» y dejan de lado todo el cuidado que habían tenido durante tanto tiempo. El mandato bíblico, y la recomendación mía, es que el sexo es para el matrimonio (más adelante tendremos un capítulo exclusivo sobre este tema).

QUERER HACER LAS COSAS BIEN MUCHAS VECES IMPLICA NO HACER LO QUE QUERÉS

Recuerdo que, en esta etapa, Naty vivía sola en un departamento y yo en otro, también solo. Acordamos no visitarnos mientras estábamos solos, porque no queríamos tener sexo antes del matrimonio. **Querer hacer las cosas bien muchas veces implica no hacer lo que querés.** Yo queria tener sexo, y ella supongo que también. Pero no debíamos hacerlo. Es momento de hablar mucho, de tener conversaciones más concretas sobre el matrimonio que viene por delante, de hacer preguntas del tipo matrimoniales -por ejemplo, sobre sexualidad- a sus referentes y voces de confianza.

Todo este desarrollo, estas tres etapas de **Aprender a ser pareja**, **Compromiso** y **Previa al casamiento**, buscan asegurar el conocerse bien, en profundidad; ya que ahorra discusiones y, en caso de hacerlo, es más fácil llegar a acuerdos.

Creo que, si tenés en cuenta estas tres etapas, te será más fácil ver el progreso de la relación, notar los cambios y la madurez de ambos, y saber si están preparados para avanzar. El noviazgo se puede disfrutar, no necesita tanto drama como nos hicieron creer las telenovelas. Disfrutá de crecer, de avanzar, de proyectar.

NOVIAZGO PORQUE SÍ

Estás de novio porque sí, y llevan mucho tiempo. Entonces, la inercia de la costumbre hace que, justamente, te acostumbres a tener pareja, a estar en algo, a tener con quién hablar y que alguien te preste atención de vez en cuando. Estás de novio por miedo a quedarte en soledad o por el temor de qué dirán las personas si cortás.

Sin embargo, dejame decirte que **si las relaciones no maduran, se estancan**. Si avanza el tiempo pero no el compromiso, y la relación conlleva a que, simplemente, el interés sea cada vez menor, se vuelve un «estamos juntos porque sí».

Una vez pregunté a una pareja cuántos años llevaban de novio. Me respondieron que hacía unos cuatro años eran pareja. Entonces, indagué por qué no se casaban aún, y me respondieron «Todavía no estamos listos». Les sugerí que, entonces, lo mejor era que cortaran la relación; pero me dijeron: «Todavía no estamos listos».

Diálogos como estos, con alguna que otra variable, he tenido cientos de veces. Se sostienen relaciones por costumbre. El problema es que el tiempo pasa, los años también y los momentos de la vida no vuelven. Quienes hace esto, comparten todo su tiempo con una persona con la que no se animan a proyectar. No tiene sentido.

A continuación, quisiera mostrarte tres principios para definir la continuidad de tu relación:

¿ESTOY ESPERANDO CAMBIOS EN MI PAREJA QUE NO LLEGAN? (CARÁCTER, TRATOS, INICIATIVAS).

Si estás esperando que tu pareja cambie, hablalo. Comunicar las expectativas que tenemos es clave para el futuro de cualquier relación. Si ya lo hablaste y no hay cambios, asumí que será siempre así. Entonces, si la relación se mantuviera siempre de esta manera, ¿querés seguir adelante? En otras palabras: ¿Estás a gusto con la relación que tenés o la sostenés por la ilusión de lo que tu relación podría ser?

SI LAS RELACIONES NO MADURAN SE ESTANCAN.

Hay que tener cuidado con enamorarse de expectativas basadas en supuestos o en promesas.

Ideas como «Yo creo que el otro puede cambiar» pueden ser ilusorias. Si pensas que el cambio puede ser real, ¿muestra interés en cambiar? ¿Quiere cambiar? ¿Lo está haciendo aunque le cueste trabajo?

Si lo que pedís que cambie no tiene nada de malo, sino más bien es un deseo o gusto tuyo quizás lo que tengan que cambiar sean tus expectativas, o quien deba cambiar seas vos. A veces, simplemente, no es la otra persona el problema sino nuestros anhelos fuera de la realidad.

¿ESTOY ESPERANDO QUE, EN NUESTRO PROYECTO DE VIDA PERSONAL, ALGO PASE? (TERMINAR UNA CARRERA, CAMBIAR DE TRABAJO, ETC.).

Con Naty aprendimos que, cuando nos apoyamos mutuamente, el otro nunca es un estorbo, una distracción o una complicación: siempre es complemento.

Si se apoyan mutuamente, al casarse, ambos van a terminar sus estudios. Si se apoyan mutuamente, al casarse, ambos van a buscar progresar económicamente. Si se apoyan mutuamente, ambos van a buscar salir adelante. No es uno solo, ahora será de a dos.

De a dos es más fácil terminar o alquilar una casa, de a dos es más fácil crecer en un emprendimiento. De a dos, siempre y cuándo vayan en la misma dirección, siempre es mejor (más adelante hablaremos de eso).

Si ves el avance en la relación como una complicación, no está funcionando como debería. Porque, cuando las cosas van bien, **querés** avanzar, simplemente porque anhelás estar con la otra persona, compartir, construir, crecer. Es un proceso natural, lo que es sano crece.

¿ESTOY ESPERANDO ALGO PERO NO SÉ QUÉ ES LO QUE ESTOY ESPERANDO?

Dejame ser claro: Estás postergando decisiones, y la peor decisión es la indecisión. Te recomiendo que tengan una conversación honesta, en donde puedan responder preguntas como: ¿Qué queremos? ¿Hacia dónde vamos? ¿Cuánto tiempo más vamos a estar así? Y decidan, de una buena vez.

Cuando te estancás en el ocio y la comodidad, cuando la relación es un fin en sí misma y no tiene un objetivo mayor o una meta que perseguir, algo hacia donde avanzar, un proyecto en conjunto, poco a poco le vamos quitando valor. Ya no te interesara de la misma manera, o no querés cuidar la relación de igual forma que antes.

Muchas veces asusta terminar una relación por todo lo que conlleva después, pero creeme, más difícil es sostener lo insostenible. Ninguna relación debería ser «descartable». Si entraste en la monotonía de un noviazgo por costumbre y comodidad, será muy difícil proyectar juntos de forma real. También, te invito a pensar que la otra persona puede tener buenas intenciones y estás jugando con el tiempo y los sentimientos de alguien que te quiere bien y desea formar una familia.

¡Esperá! No tomes ninguna decisión todavía. Estamos aclarando el panorama sobre la relación que tenés. Te recomiendo seguir con este recorrido, estoy seguro de que, a medida que avances, aparecerán opciones o herramientas para que puedas decidir.

DIOS NO ELIGE CON QUIÉN TE VAS A CASAR

Dios no elige la persona con la que te vas a casar. Solo hizo esto con Adán y, al rato, él mismo se estaba excusando ante Dios porque la pareja que le había dado «lo había hecho pecar». En todo el recorrido del Antiguo Testamento, entra un tema cultural: Isaac con Rebeca, Jacob con Raquel, etcétera. Padres formando las parejas de sus hijos.

¡No es Dios eligiendo parejas a sus hijos!

No hay una persona en el mundo separada para vos. Sé que, probablemente, este planteo vaya en contra de lo que te dijeron toda la vida. Pero te lo plantearon mal, no hay argumento bíblico para sostener tal afirmación de «Dios tiene una persona en un frasquito esperando el momento correcto para sacarla y que te cases». Frases como: *«Es lo que Dios te mandó»*, *«No hay más nadie, así que debe ser él/ella»* o *«No me gusta, pero me profetizaron que me casaría con él»*, considero que están erradas.

¿Hay excepciones? Probablemente. Pero no es bíblico respaldar tal teoría. No podemos hacer doctrinas generales de casos particulares ni de experiencias personales.

¿Qué es lo que pienso? Cuando estás en Dios, tenés la libertad de escoger, y tus elecciones son consecuencias de tu relación con Dios.

Dios no elige por vos. A vos te toca elegir en Dios. Si lo buscás, Él te da sabiduría, discernimiento y criterios, pero no personas. Siempre y cuando busques estar en el centro de su voluntad, Dios bendice tus elecciones. Es decir, va a bendecir y ayudar a construir un proyecto de vida con la persona que vos elijas mientras buscás amar y estar en el centro de su voluntad.

Pensándolo bien, hasta sería poco romántico decir «no te elegí, pero bueno, sos lo que Dios quiso para mí».

Resumiendo:

Caminás siguiendo a Jesús. Otra persona camina siguiendo a Jesús. Ambos, buscando agradar a Dios, se encuentran queriendo hacer **su** voluntad.

Dios te ama tanto que te hace libre para decidir. ¿Lo que te planteo hace todo más difícil? Puede ser, a veces nos gusta la idea de que Dios elige por nosotros porque nos quita responsabilidad.

¿Está mal orar por la persona con la que te querés casar? No, claro que no, podes orar por todo lo que quieras. Mientras más ores por el/la idóneo/a, estoy seguro de que más va a tratar Dios con vos. Porque no se trata de que Dios cambie al otro, se trata de que crezcas vos.

Necesitás orar para conocer su voluntad, no para manipularla.

Pd: Trazar la línea entre la soberanía de Dios y la libertad de los hombres es imposible para nuestras mentes limitadas.

NECESITAMOS

ORAR

PARA CONOCER

SU VOLUNTAD

NO PARA

MANIPULARLA

RED FLAG
RED FLAG
RED FLAG

RED FLAGS

Muchas veces, en las relaciones, lo más difícil es lograr ver esas cosas que te hacen mal, aquellos grises complicados que aparecen cuando el enamoramiento te nubla la vista. Al mismo tiempo, considero necesario establecer algunas «red flags», banderas de alerta sencillas y sutiles que te ayuden a ver más allá de lo que los sentimientos te permiten. Cuando, en la playa hay «bandera roja», significa que el agua está turbulenta, que no es recomendable meterse a ese mar, que hay que salir de ahí, que es mejor esperar o, simplemente, mirar desde afuera. Las «red flags» te dicen que esperes, que no tiene sentido seguir avanzando sin ciertas seguridades.

Hay respuestas y certezas que realmente necesitás. Y hay más mentiras que verdades en lo que decimos con respecto a lo que realmente sentimos. Por ejemplo: Le tenés miedo a proyectar porque mucho del otro te genera incertidumbre. No lo habías pensado antes, pero, con honestidad, últimamente tu relación te estanca y limita. Desde que están juntos desaprobaste varios exámenes, bajó tu rendimiento en lo académico, laboral e, incluso, ministerial. Hablar de ustedes como pareja te resulta un estrés constante. Sin saberlo ni quererlo, decidís evitar al otro: buscás excusas para no estar juntos porque si se ven, es para pelear y no querés eso.

Pero, al mismo tiempo, lo extrañás. Aunque no extrañás lo que tienen, sino lo que tenían. No sabés en qué momento lo perdieron, pero ya no está más. Nada es como antes. Sostenías algo que nunca llegó, tenías un ideal de lo que lo podía ser, pero fue eso: un ideal, muy lejos de ser algo real. Entonces, se acompañan pero queda ahí. Se quieren, pero nada más. Se acostumbraron uno al otro; pero, últimamente, desgasta. Te preguntás por qué seguir y no encontrás razones. Te preguntás por qué terminar y no encontrás el coraje suficiente para soltar.

No podés avanzar en una relación donde no hay confianza. No podés proyectar un casamiento con alguien de quien no tenés la certeza de que es fiel. No podés confiarle tu vida a quien no le confiás la contraseña del celular. No podés proyectar con quien no te hace parte de su día a día, ni le interesa el futuro juntos. Al fin y al cabo, esto no te está desafiando como creías. Y, de alguna manera, te da temor; produce algo que no querés.

No quiero asustarte, pero sí anticiparte para que busques ayuda, consejo y dirección sin aislarte. Si alguna de estas «red flags» te resuenan, es el momento de hablar con alguien más que con tu pareja o con la persona que últimamente te interesa. De esto se trata. No te encierres dentro tuyo ni en tu propio criterio o mirada. Es hora de resolver antes de avanzar. Tener conversaciones más honestas. Hacer preguntas más profundas. Sincerarte con vos.

Por ejemplo, es momento de preguntarte: ¿Cómo compartiré mi vida con alguien que no comparte el mismo motivo de vida? ¿Por qué entablaría una relación con quien no puedo entablar una conversación? ¿Qué es lo que tenemos? ¿Qué es lo que, finalmente, hay o no hay en nuestra relación? ¿Hay respeto? ¿Hay cuidado? ¿Hay confianza? ¿Hay atracción? ¿Hay amor? Respondé con honestidad antes de seguir con una inercia que te puede hacer mal.

Entre las «red flags» más comunes, encuentro tres que son un patrón general: exceso de drama, dependencia emocional hacia la otra persona y el famoso «yugo desigual». Paso a desarrollarlas:

DRAMATICS

> **«UN CONFLICTO ES BUENO Y NECESARIO, PERO NO NECESITAMOS CREAR CONFLICTOS DE TODO».**
>
> **ANDRES SPYKER**

Hay una gran cantidad de personas que, a la hora de relacionarse, piensan que los vínculos tienen que estar plagados de dramas, peleas, pleitos y conflictos. Creen que tiene que ser difícil, complicado, con idas y vueltas, exceso de histeria y exageraciones en cualquier desacuerdo. No sé si atribuírselo a las novelas que veían nuestras abuelas cuando éramos chicos, a Disney, Floricienta, Chiquititas, El stand de los besos o alguna serie *random* del momento, llena de relaciones tóxicas y ejemplos corrompidos de parejas y grupos de amigos. Pero, al fin y al cabo, me di cuenta de que hay quienes necesitan el drama porque lo consideran interesante, piensan que es un condimento necesario para que no resulte aburrido. Nada más alejado de la realidad.

Habrán momentos difíciles, conflictos y cosas por resolver; pero ser dramáticos y ahogarse en cualquier conflicto no es la forma sana de superarlo. Es necesario alejar el drama de la vida, incluso si en el pasado viviste una vida complicada con drama real. Aprendé a disfrutar los tiempos de paz, constancia y las buenas temporadas.

El problema de aconstumbrarse al drama es que, si no hay conflicto, lo vas a inventar. Si hay una buena acción, vas a sospechar que es con mala intención. Pensás que hay un mensaje subliminal de todo lo que se dice. Desconfiás de todas las buenas acciones.

No todo desacuerdo tiene que ser una batalla campal, estar al borde del corte todo el tiempo, amenazar con no querer al otro, etcétera. Algunas preguntas que pueden ayudarte a identificar el drama:

¿Es una discusión o es el fin de la relación? ¿Es un desacuerdo o es imposible continuar? ¿Es un enojo o es un ataque de ira? ¿Es la primera vez que surge este desacuerdo o es siempre lo mismo?

La mayoría de las veces, los **dramatics** optarían por elegir la segunda opción en cada uno de mis ejemplos. Si este problema del drama no se soluciona, lo más probable es que el integrante de la pareja que no hace drama, se canse y termine la relación. La necesidad de drama puede arruinar una relación que podría haber funcionado. O, puede suceder algo todavía más complejo: la relación va a continuar, pero haciendo del drama una forma de relacionarse. Será siempre parte de la dinámica que han construido y elegido. Y, por ende, la relación, en lugar de ir en busca de la felicidad y de la voluntad de Dios, se termina convirtiendo en «a ver qué conflicto resolvemos hoy», «a ver con qué reproche me sale ahora», «me prometo ganar la pelea de hoy». Y, en lugar de disfrutar el relacionarte, te pasás la vida buscando el drama que te impide complementarte con el otro.

Ninguna relación debería parecerse a las de las novelas o series de adolescentes.

NO TIENE POR QUÉ HABER ENGAÑO.

NO TIENE POR QUÉ HABER ENOJO A DIARIO.

NO TIENE POR QUÉ HABER CELOS CONTINUOS E INSEGURIDADES SIN SENTIDO.

NO TIENE POR QUÉ HABER DRAMA.

¿Por qué? Porque creo que contás con una sana motivación que tiene la fuerza suficiente para ser el correcto impulso de cualquier relación: el amor.

AMAR SIN DEPENDER

Se habla mucho de dependencia emocional, pero he notado que se hace con poca practicidad o demasiado técnico para la cotidianeidad de la mayoría, así que, invité a una querida amiga para que lo escriba desde su profesión como psicóloga. Yo hice unos simples retoques, nada más. A continuación te dejo por unas páginas con la psicóloga Noe[1]:

UNA RELACIÓN NO NECESITA ASFIXIAR

En algún momento de nuestra historia se despierta en nosotros el deseo de compartir, de una manera más profunda, nuestra vida con otra persona. Algo hace que ya no alcance con solo ser amigos. En parte, porque hay una

---

1 *Noelia Arraigada es pastora y psicóloga. Se especializó en educación emocional y ha dedicado su vida al trabajo con las nuevas generaciones.*

atracción física y sexual. Si fuera solo eso lo que deseamos, alcanzaría con encuentros físicos ocasionales, un «touch and go». Pero también está el deseo de compartir una conexión profunda del tipo emocional, algo más que un momento, compartir con alguien la vida.

Ese es el fundamento sobre el cual elegís comenzar una relación de noviazgo: querer vincularte, de manera comprometida y profunda, con una persona. Con el comienzo de esta relación, hay una infinidad de expectativas e ilusiones que se ponen en juego. La otra persona se vuelve «tu mundo». Querés expresar, de muchas maneras, tu interés, admiración y cariño, y, de la misma manera, querés sentirte importante, valorado y que la persona sea recíproca a tus sentimientos. (P. D.: Si estás comenzando una relación y la otra persona no demuestra similar interés y compromiso, dejame decirte que estás en peligro de intentar sostener, unilateralmente, un vínculo que luego puede lastimarte mucho).

Es probable que, en esa etapa intensa de enamoramiento, tengas la sensación de «necesitar» a la otra persona, de querer compartir cada momento, hacerla parte de lo que pensás y sentís. De la misma manera, es agradable sentirte «necesitado», una parte significativa de su vida. Pero también es esperable que esa intensidad vaya dando lugar a una relación estable y madura, donde ambos están comprometidos en la relación; pero también sostienen su individualidad y sus responsabilidades personales.

Sin embargo, es muy frecuente ver algunas relaciones en las que ese «amor» por el otro parece significar que no «puedo vivir sin el otro» o «no puedo verlo vivir sin mí». Aunque suene muy romántico dicho en un poema o una canción, eso no es tanto amor, sino, más bien, la muestra de un problema de fondo que se puede identificar como dependencia emocional.

Las relaciones se forjan sobre la base de la responsabilidad afectiva, donde cada uno se hace cargo de sus propias emociones y de comunicarlas apropiadamente, y de reconocer y asumir las emociones que genera en aquellos con quienes se relaciona. Pero muchos generan relaciones sobre la base de la exigencia de que sea el otro quien supla todas sus necesidades, y de que su bienestar dependa de lo que el otro haga o deje de hacer. Este tipo de relaciones no construyen para ninguno de los dos, sino que perpetúan un ciclo de insatisfacción en ambos; a su vez, no les permite salirse de la relación.

¿CÓMO SE VE LA DEPENDENCIA EMOCIONAL EN UNA RELACIÓN?

» Necesitás atención constante de tu pareja para sentirte bien; dependés de su afirmación o de su cariño para sentirte valorado.

» Tenés, frecuentemente, pensamientos de que el otro va a rechazarte; cuando no estás con esa persona sentís inseguridad, miedos, dudas.

» Sentís celos que no podés explicar o controlar. Si percibís que no sos la prioridad de la otra persona, experimentás ansiedad, enojo, dolor o surge la necesidad de controlar lo que hace o deja de hacer para sentir seguridad.

» Has descuidado gustos y actividades personales, y dejado de lado relaciones con amigos y familiares.

» Has sacrificado aspiraciones personales para agradar a la otra persona; has dejado de hacer cosas o participar de actividades a pedido del otro.

» No podés disfrutar de actividades sin esta persona: todos tus planes, pensamientos y preocupaciones giran alrededor de ella.

» Experimentás miedo a la soledad; cuando estás solo te sentís vacío.

Todas estas vivencias pueden ser indicadores de que algo no está funcionando bien en tu relación de pareja, pero no es tan fácil asumir que te están pasando. El estado de enamoramiento te hace idealizar al otro, de tal manera que minimizás las señales de alerta y te aferrás a los momentos dulces y placenteros de la relación, sin querer prestar atención a eso que, de alguna manera, te está lastimando.

El fantasma de que la relación pueda terminar puede dar terror, miedo a qué le sucederá al otro si lo dejás, miedo a no poder superar el dolor del rechazo, miedo a quedarte solo y no encontrar nadie más que te quiera. Pero sostener una relación exclusivamente por miedo a no tenerla no es la mejor decisión.

Muchas veces esta forma de dependencia emocional nace de una autoestima baja: hay inseguridades personales que afectan cómo te apreciás a vos mismo. Que alguien te haya elegido te da una fuente de valor personal que no querés perder. También puede suceder que, por la necesidad de sentirte amado o deseado, hayas entrado en una relación con una persona que esté manipulando tus sentimientos a través de la culpa o tus vulnerabilidades. Otras veces la dependencia emocional viene de patrones negativos de relaciones familiares, que han sido marcadas por el abandono, la violencia o la indiferencia. Se genera una falta de seguridad personal que te remite a buscar, afuera, una relación que sea un refugio para vos, y, cuando la hallás, te aferrás a ella intensamente.

Sea como sea, siempre el primer paso es reconocer que algo no está funcionando del todo bien. En ocasiones tu entorno cercano ya debe haber intentado advertirte, pero no has dado lugar a sus opiniones. Posiblemente también te hayas esforzado en ignorar sistemáticamente toda duda por no querer enfrentar el problema, pero exteriorizarlo y contarlo a otros te ayudará a tener más claridad sobre la situación.

Se necesitan dos personas emocionalmente sanas para tener una relación sana. Debés darte cuenta de que hay factores individuales que tenés que enfrentar primero para luego tener una relación saludable.

Necesitás trabajar sobre vos mismo para ser consciente de tu valor personal sin depender de los demás: fortalecé tu autoestima, tené en claro cuáles son tus valores, aspiraciones y prioridades personales. Debés resolver tus miedos e inseguridades del pasado para no proyectarlos sobre el presente. Debés aprender a disfrutar con vos mismo/a, a ser feliz en soledad para luego poder disfrutar con otro sin asfixiar.

Es necesario que aprendas a amar al otro como aprendiste a amarte a vos mismo: sin necesidad de depender ni de hacer depender al otro de vos. Amar no es poseer, amar es compartir. Amar bien nos hace bien, no hay otra.

Muchas gracias, Noe, por este desarrollo tan práctico. Si querés seguirla o coordinar una consulta con ella, podés encontrarla en Instagram como @noe.arraigada

SE NECESITA DE 2 PERSONAS EMOCIONALMENTE SANAS PARA TENER UNA RELACIÓN SANA

YUGO DESIGUAL

Honestamente, no quería incluir este título en el libro; siento que ya se ha hablado mucho del tema. Sin embargo, en los años que llevo predicando en campamentos, eventos y congresos, esta es una pregunta que siempre hacen.

Creo entender de dónde viene la pregunta, o cómo surge esta duda. La Biblia dice en diferentes versiones:

» *«No os unáis en yugo desigual con los incrédulos; porque ¿qué compañerismo tiene la justicia con la injusticia? ¿Y qué comunión la luz con las tinieblas?»*. (RVA)

» *«No se asocien íntimamente con los que son incrédulos. ¿Cómo puede la justicia asociarse con la maldad? ¿Cómo puede la luz vivir con las tinieblas?»*. (NTV)

» *«No formen alianza con los incrédulos. ¿Qué tienen en común la justicia y la maldad? ¿O qué comunión puede tener la luz con la oscuridad?»*. (NVI)

¿Qué significa realmente? La imagen era común en la época: dos bueyes unidos por un yugo. Cuando se unían, era para trabajar la tierra o llevar una carga. Simplemente se buscaba que estuvieran a la misma altura, para que el yugo no los lastimara, y para que la fuerza que ejercieran fuera pareja.

El **yugo desigual** no se trata de asistir a diferentes iglesias ni de servir en ministerios distintos, o hacer cosas distintas para Dios. Recuerdo que, cuando empezamos a salir con Naty, algunas personas decían que era yugo desigual porque ella cantaba y yo no (ni siquiera aplaudo a tiempo), o porque yo predicaba en redes y ella no. Nada más alejado de la realidad. Yugo desigual significa «no ir en la misma dirección» o «no ir a la par». Dicho así parece algo simple, pero es mucho más profundo.

Definiendo un poco mejor la idea, sería que no te unas a alguien que no comparte tu misma motivación de vida. Entonces, es necesario preguntarse: ¿Tenemos metas similares? ¿Los dos queremos crecer y avanzar? ¿Soñamos con algo y estamos accionando para alcanzarlo? ¿Compartimos valores y motivaciones similares? ¿Creemos en Dios y decidimos guiarnos por Él como un estándar de vida? ¿Somos complementarios para cumpliar la volutad de Dios en nuestras vidas?

Mi consejo, para comenzar, es que no te unas a quien Dios no le signifique lo mismo que a vos. Cuando me preguntan «¿Puedo estar en una relación con alguien que no es cristiano?», siempre respondo con otra pregunta: «**¿Qué significa Dios para vos?**».

¿COMPARTIRÍAS TU VIDA CON ALGUIEN QUE NO COMPARTE TU MOTIVO DE VIDA? SI DIOS ES IMPORTANTE PARA VOS, ¿NO QUERRÍAS AMAR A ALGUIEN QUE VALORE LO MÁS IMPORTANTE EN TU VIDA?

Supongamos que amás a los animales. Sos *pet friendly* y te importa llevar a tu mascota a todos lados, sufrís si la dejas sola por cuatro horas, invertís en veterinario y peluquería canina, y esa pasión se extiende a todas las áreas de tu vida. ¿Estarías con alguien a quien no le interesan e ignora los animales? Este es un ejemplo simplista, pero sirve para ilustrar el punto. Si Dios es importante para vos, a quien te guste también debería importarle Dios.

¿Y qué pasa si amo a alguien que no ama a Dios? Eso depende de vos. Necesitás tener una conversación sincera sobre cuánto significa Dios en tu vida. ¿Esa persona puede tenerte sin tener a Dios? Porque vos venís con un conjunto de creencias, principios y motivaciones inseparables de quien sos. Para quienes amamos a Dios, Él lo es todo.

TE ACONSEJO ORAR PARA QUE DIOS TE GUÍE. PERO SI ESA PERSONA REALMENTE DECIDE INTERESARSE EN VOS, DEBERÍA INTERESARSE EN LO MÁS IMPORTANTE DE TU VIDA: EN AGRADAR A DIOS.

NO HAGAS CRISIS POR LO QUE NO ESTÁ PASANDO

Empezaste a imaginar lo que vas a decir, lo que te va a contestar, lo que puede pasar y a suponer cómo va a reaccionar. Luego a cómo te vas a sentir, y, finalmente, a todo lo que va a cambiar. Pero todo eso, en lo que te estás enroscando, está en tu mente. ¡Estás haciendo crisis y eso realmente no está pasando!

Anticiparse a lo que puede pasar en el futuro es una virtud del pensamiento racional. Poder hacer hipótesis de situaciones posibles te provee ventajas. Pero si no manejás esa habilidad, se puede volver un problema.

Suele pasar que empezás a pensar en algo que podría suceder:

Una próxima conversación difícil.

Lidiar con las consecuencias de una mala decisión.

Elegir entre una u otra opción.

Sobrepensar es similar a ese efecto de darle manija a uno o varios pensamientos —y vuelta, vuelta, vuelta— hasta que te sentís agobiado, pero aún sin enfrentar la situación concreta. Tenemos que saber que, para la mente, se procesa igual la realidad externa y la realidad psíquica. Sobrepensar demasiado puede llevarte a sentirte lleno de ansiedad y frustración.

¿Qué hacemos entonces? Así como tenés la habilidad de pensar, tenés la capacidad para detener esa secuencia de pensamientos y ordenarlos. Podés ponerle una pausa a la secuencia, quitarle

drama extra y el caos: el exceso de crisis queda para la ficción.

Si tu vida no es una novela, no tiene por qué serlo.
No hace falta el plus de mambos y peleas.

Sé simple.
No la compliques.

Menos drama y más amor ☺

#LaPosta

RED

CÓMO CORTAR UNA RELACIÓN

En caso de que las «red flags» sean demasiadas, dejaré este capítulo de ayuda para darle cierre a cualquier relación. Puede ser que, terminar ahora con lo que te está lastimando duela, pero más va a doler cuando no se termina nunca. Comencemos, entonces, por definir cuándo es una relación que no da para más.

» *Cuando diste todo de tu parte para que cambiara y nada cambió.*

» *Cuando comunicaste tus expectativas respecto a cambios necesarios para continuar y nada pasó.*

» *Cuando te ignora más que lo que te presta atención.*

» *Cuando hay más sospechas que certezas.*

» *Cuando pasó el tiempo, mucho tiempo, y, en lugar de mejorar, empeoró.*

En estas circunstancias, es tiempo de terminar la relación. Seguramente sea una de las decisiones más difíciles que puedas tomar en estos momentos, pero cuando dilatás la toma de decisiones, cada vez se vuelven más difíciles. No hay nada peor que demorar una decisión que ya fue tomada en la mente y en el corazón.

Es verdad... a veces cuesta soltar porque pensás más en el tiempo que has invertido en la relación que en el tiempo que perdés cuando seguís en el mismo lugar. ¿Qué estás esperando para decidir? Dejame anticiparte algo: no hay forma de terminar sin lastimar. Lamentablemente, siempre alguna de las partes va a salir lastimada. La realidad es que pocas cosas son tan difíciles como terminar una relación; parece que el mundo se acaba y tu corazón se duele.

Si te cortan, te toma por sorpresa. Quedás en pedazos, y no hay lágrimas que aguanten. Si sos el que toma la decisión de cortar, el coraje nunca es suficiente, y la culpa de lastimar a alguien, que realmente querés pero no podés seguir queriendo, te carcome. En lo profundo, ambos suelen suponer que es lo mejor, pero, obviamente, ninguno de los dos quiere asumirlo ni reconocerlo.

Cortar siempre es difícil, muy difícil. Ese rompimiento duele, y no hay manera de que no suceda así. Y me animo a decir, en un sentido, que es un buen indicador el que duela. Significa que aquello que en su momento sintieron fue real, y que ambos pusieron sus sentimientos en esa relación. A eso se debe el dolor. Por eso mismo, lo que pretendo en estas páginas es que duela lo menos posible, y que se logre de forma tal que no haya demasiados argumentos para el rencor.

Él: *Bueno, chau entonces*

Ella: *¿Me estás dejando?*

Él: *Supongo que... Si.*

Ella: *¿Cómo «supongo»? ¡No me podés dejar así!*

Él: *¿Así cómo?*

Ella: *Así, ¿un mensaje y nada más?*

Él: *Sí, chau.*

Al otro día

Él: *Hola, disculpá. Anoche estaba enojado y me equivoqué en cómo te traté.*

Ella: *¿Somos novios entonces?*

Él: *Supongo que sí.*

Conversaciones como esta he visto cientas, y aplica viceversa, porque ellas también mandan esta clase de mensajes. Este tipo de cierres, idas y vueltas, conversaciones inconclusas son los que pretendo evitar porque lastiman más, duelen el doble, son dificiles de superar, nadie entiende nada y pocas veces resuelve el conflicto. Al contrario, lo incrementa.

Vamos por partes. **Si sos el que tiene que tomar la decisión**, tenés que saber que, mientras más te tardes, más duele. Y que no existe un momento perfecto para hacerlo, simplemente, hay que hacerlo.

Te recomiendo apoyarte en otros, pedir consejo a tus voces de confianza, quienes te acompañaron durante todo el proceso de la relación, para que te sostengan en esta decisión. No cortes sin antes haber orado. Hacé a Dios parte de esta decisión también, pedí sabiduría sobre cómo hacerlo y bendecí a la otra persona. Importante: Esto no es para responsabilizar a otros o excusarte en que «Dios me dijo», sos responsable de la decisión que estás tomando.

Salvo que no sea posible, lo mejor es que tengas una conversación cara a cara. Si disfrutaste de toda una relación cara a cara, este no es el momento para esconderte detrás de un celular. Esa charla debe ser honesta, pero sin culpar. Ya no es tiempo, ni momento, para los reproches; nada de «yo quería esto», «esperaba esto pero vos no lo hiciste», etcétera. No sirve, sencillamente, porque ya no hay tiempo para corregirlo. Tampoco intentes dar explicaciones, nunca son suficientes. Te recomiendo ser simple, y hablar de que la relación que construyeron no es lo que esperabas y que crees necesario finalizarla. ¿Se amaron? ¿Gustaron? ¿Se quisieron? Sí, pero no funcionó. No hay nada más que agregar.

Muy probablemente la otra persona tenga cosas para decir también, y merece que escuches con respeto. Pero tenés que escuchar sin responder a cada reclamo, porque pueden terminar enredándose en idas y vueltas en temas que ya no van a poder solucionar. Si te falta el respeto, o intenta herirte o tratarte con violencia, te recomiendo dejar la charla y no escuchar sus reclamos.

Ser claros y concretos también ayuda a dejar incertidumbres o dar lugar a falsas ilusiones. Muchos, con la intención de evitar el dolor, optan por no terminar, sino por «tomarse un tiempo». Sin embargo, la mayoría de las veces, solo alarga lo inevitable y duele más. Lo mejor que pueden hacer es poner punto final.

LUEGO DE HABER TENIDO ESTA CONVERSACIÓN, TE RECOMIENDO TOMAR DISTANCIA: EL QUE LASTIMA NO PUEDE SER EL MISMO QUE SANA. SI REALMENTE QUERÉS LO MEJOR PARA LA OTRA PERSONA, VAS A TENER QUE DAR LUGAR A QUE SEAN OTROS QUIENES ACOMPAÑEN SU DOLOR. QUEDARTE SOLAMENTE MANTIENE LA HERIDA ABIERTA.

Por otro lado, **si fue la otra persona la que cortó la relación**, puede pasar que ya supieras que la relación no daba para más, pero no te animabas a hacerlo. En ese caso, aunque duela, vas a sentir alivio porque te sacaron un peso de encima. Pero no pasa siempre. Es muy probable que no lo hayas esperado y, quizá, pareciera que se desmorona tu mundo. La sensación es normal. Es un momento para permitirte sentir y dar lugar a tus emociones.

En este caso, vas a necesitar el hombro de amigos, familiares, voces de confianza donde puedas llorar con tranquilidad y sin culpa. Pero permitirte sentir no quiere decir que te sumerjas en un pozo emocional que opaque todo en tu vida. Cuidado con que la tristeza, el rencor o el enojo crezcan de maneras que luego no los puedas controlar.

También, es recomendable tomar distancia. No intentes controlar lo que sucede con la otra persona o estar pendiente de lo que hace. Evitá *stalkear* a diario, ver con quién está, a dónde fue, etcétera. Si necesitás dejar de seguir su cuenta, hacelo. Si necesitás tirar los regalos que te dio, hacelo. Borrá fotos, hacé lo que tengas que hacer para dejar de recordar. Pero no hagas nada por odio, bronca o enojo. La prioridad es sanar.

Evitá continuar conversaciones con esa persona en la que te desahogues en reproches y resentimientos, ya no es momento de buscar en el pasado. Mientras estés con dolor intenten no verse. A quien lastima el rencor, primero, es a tu persona porque te mantiene en el pasado, y no queremos eso. Por lo tanto, eviten el contacto a toda costa. Cuando creas que podés, perdoná todo. No te quedes con un dolor para siempre. Entregale tus dolores a Dios (Salmos 55:22), llorá en intimidad y soledad tantas veces cuanto lo necesites. Pero, también, levantá la mano pidiendo ayuda cuando sientas que no estás avanzando. Este será un tiempo para reenfocarte en Dios, en vos, en tus amigos, los pasatiempos que te gustan, estudios, trabajo, etcétera. Es el tiempo de reencontrarte, mientras te aferrás a Dios con todas tus fuerzas.

DIOS ME DIJO QUE TENÍAMOS QUE CORTAR

Una de las frases más comunes en una relación es «Dios me dijo». Es hermoso cuando Dios nos habla, pero siento que, a veces, le hacemos decir a Dios cosas que nosotros no nos animamos a decir.

Es común escuchar dichos como:

«Dios me dijo que no podemos estar juntos»

«Dios me dijo que nos tomemos un tiempo»

«Dios me dijo que si no cambiás, tengo que dejarte»

Puede que, en ocasiones, Dios nos hable realmente, pero muchas veces es una estrategia muy utilizada por personas cobardes que no suelen enfrentar las cosas como se debe.

Creo que Dios merece que lo involucremos en nuestras relaciones, y considero súper importante buscar su ayuda y guía en las decisiones que tomemos juntos e individualmente, pero Dios siempre fue un papá que disfrutó de darle libertad a sus hijos, y eso nos hace directamente responsables de las acciones que tomamos.

Enfrentemos la situación con responsabilidad y no le echemos la culpa a Dios.

¿Cómo sería ser responsable?

Con frases como:

Creo que lo nuestro no está funcionando.

Antes de iniciar la relación éramos muy buenos amigos; pero, como pareja, la dinámica no es la que esperaba.

Me exigís o pretendés cosas que, honestamente, no estoy dispuesto a ceder o cambiar.

Me di cuenta de que no estoy listo para una relación seria.

Estas son ideas, pensamientos generales. Claro que hay excepciones y casos particulares.

#LaPosta

MY CRUSH
RED FLA

¿QUÉ SUCEDE DESPUÉS DE CORTAR?

Si alguna vez cortaste, leé este capítulo. Si nunca lo hiciste, ojalá no lo necesites. Pero escribo para todos aquellos que, en el capítulo anterior, se vieron movilizados y tomaron la decisión de terminar con esa relación que no iba a ninguna parte. Este es el proceso que continúa; y, si ya cortaste hace tiempo, probablemente estés en alguna parte de esto que desarrollaré en las próximas páginas.

Comienza un tiempo diferente. Cada relación es particular, y poner un cierre suele tener distintas repercusiones. Para la psicología, terminar una relación implica un duelo; aunque no murió nadie, sí murió la relación que tenías. Algo en lo que creías ya no existe, tuvo un punto final y, por lo tanto, necesita un cierre en tu interior.

Según palabras de Noe, la psicóloga: *«El duelo es el proceso emocional de asimilar la pérdida y volver a encontrar el bienestar personal sin eso que perdiste. Se suelen identificar diferentes etapas que se atraviesan, como la negación, no asumir que la relación terminó, momentos de tristeza profunda, culpa o ira, hasta poder aceptarlo y superarlo. Cada persona y cada relación son distintas, y a cada persona le tomará distinto tiempo y sentirá, con mayor o menor intensidad, estas etapas»*.

Es verdad, la **primer** etapa duele mucho. Probablemente, duela cada vez menos a medida que transcurre el tiempo. Si parece que no duele nada al principio, cuidado porque con el tiempo puede venir un dolor tardío pero intenso, acompañado de un impulso de querer llenar de mensajes a tu ex y retomar la relación. Antes de hacerlo, recordá que de nada sirve volver el tiempo atrás, si nada cambió.

El dolor, también golpea en la autoestima. Cuando una persona te deja, te expone a sentirte rechazado y a pensar que algo está mal en vos. Debés cuidar que esto no haga crecer inseguridades en tu vida.

Otras veces, al terminar una relación, viene un sentimiento de soledad tremendamente profundo: podés creer que morirás en soledad o que nadie podría quererte como esa persona. Por momentos podés creer que nadie estará a la altura ni te resultará lo suficientemente interesante, como tu ex.

Durante todo este tiempo, también aparecen preguntas que generan confusión: ¿En qué me equivoqué? ¿En qué fallé? ¿Qué fue lo que hice mal? Para ser sincero, no creo que encuentres esas respuestas, o por lo menos no durante esta temporada. La única pregunta correcta para este momento es: **¿Qué puedo aprender de esto?** Porque sí podemos adquirir aprendizajes necesarios al finalizar una relación que no funcionaba, simplemente para madurar y para que, en el futuro, al volver a intentarlo, no vuelva a suceder.

¿Me di cuenta de que no van conmigo ese tipo de personas? ¿Mi ex o yo estábamos demasiado desocupados? ¿Pasaba el tiempo y la relación no maduraba? ¿Tenía la prepación suficiente para una relación? ¿Era el momento pero no la persona? ¿Hay algo en lo que pueda crecer o pueda aprender, pensando en las cosas que me reprochaba mi ex? ¿En qué cosas podría darle la razón? ¿En qué cosas estoy seguro de yo haber tenido la razón? ¿Qué cosas no quiero volver a vivir? La próxima vez que busque una persona, ¿qué es lo que **no** quiero?

Todas estas preguntas no tienen como motivo volver al pasado, ni reprocharnos o reprocharle al otro algo. Solo buscan aprendizajes que no deberían pasar desapercibidos.

¡Necesitás crecer! El problema no es equivocarte, el problema es errar siempre en lo mismo. Por eso necesitás aprender para crecer.

Una **segunda etapa** que caracteriza este proceso es cuando el miedo a quedarte solo se empieza a ir. Ahora, **querés** estar en soledad. Necesitás un tiempo para vos. Desde mi punto de vista, este sería el proceso sano, luego de terminar una relación: terminar y pasar un tiempo soltero. Veo muy complicado el panorama para aquellos que, apenas terminan una relación, se toman el atrevimiento de, al poco tiempo, volver a intentar con alguien más.

Realmente es difícil haber amado y olvidar con rapidez. Son dos cosas que no van de la mano. Cuando esto sucede, o no amaste de verdad o no olvidaste. Si amaste con intensidad, te costará volver a amar inmediatamente. Y, claro, que tiene todo el sentido del mundo; porque, ahora, la meta no es volver amar, sino **sanar**.

En este tiempo toca aprender a caminar solos, volver a conectar con el grupo de amigos, enfocarse en Dios, en los estudios, ocupaciones, hobbies, y en lo que viene por delante. Volver a disfrutar lo que hace tiempo no podías hacer, sin involucrarte nuevamente en una relación.

¿PUEDO SER AMIGO DE MI EX?

NO

En **tercer lugar**, llega el momento de abrirte nuevamente al amor. Repito, requiere tiempo. Aunque el nuevo amor no sanará todas las cosas -porque Dios lo hace-, siempre ayuda. Despacito te irás animando a volver a creer en el amor.

Entonces, comenzará un nuevo proceso. En algún momento te interesa alguien y, poco a poco, comienza a atraerte la idea de volver a gustar.

Algunos indicadores para conocer tu estado de sanidad emocional, para volver a intentar una nueva relación:

- Te animás a conocer a una persona sin temores de relaciones anteriores.
- Podés conocer a la persona sin juzgarla por las fallas de relaciones anteriores.
- Has podido perdonar (recordar sin dolor).
- No tenés ningún tipo de recelo con el sexo opuesto.
- Cuando se habla de tu ex o lo ves, no te da bronca, tristeza ni odio, simplemente no sucede nada.
- Podés desearle el bien a tu ex, incluso si se encuentra iniciando otra relación.

COSAS QUE SÍ O SÍ NECESITÁS APRENDER LUEGO DE CORTAR

REVISAR LO QUE BUSCÁS

Si buscás siempre lo mismo, tendrás lo mismo y terminarás siempre en lo mismo. ¡Aprendé a buscar diferente! No se trata solamente de lo que querés, sino de lo que necesitás. Por eso amo buscar junto a Dios, porque él sabe lo que quiero, pero también lo que necesito. Él no va a elegir por vos la próxima vez -de hecho, nunca elegirá por vos- pero sí podés confiar en sus criterios y en sus principios, para decidir conforme a eso. Vas a confiar más en Él que en tus gustos y sentimientos para lo que viene por delante.

LA PERSONA QUE BUSCÁS, ¿ESTARÍA SATISFECHA CON LA VIDA QUE TENÉS PARA OFRECERLE? LA PERSONA QUE BUSCÁS ¿TE ACOMPAÑARÍA EN LO QUE SOÑÁS? ¿SOS EL PERFIL DE PERSONA QUE LE GUSTARÍA A LA PAREJA QUE BUSCÁS?

De adolescente buscaba una supermodelo, de esas que nacieron en un *country* y tienen uñas esculpidas 24/7. Lo más importante para mí era el color de su pelo y que siempre, pero **siempre**, se encontrara planchado.

En aquel tiempo soñaba con vivir para el ministerio, mis posesiones materiales eran un celular y una computadora, y vivía viajando en colectivo, predicando por Argentina. No tenía prácticamente nada de dinero.

Primero, la mujer que buscaba jamás me miraría, y, si me miraba, era porque yo estaba haciendo un sobreesfuerzo para fingir ser alguien que no era. Además, si lograba que, por esas casualidades de la vida, me diera lugar y entabláramos una relación, sería para que me quedara con ella en el *country* y no para vivir lo que soñaba.

Un día, mi mamá me dijo «Vos necesitás una princesa todo terreno». Esa frase me dejó pensando (siempre escuchen a sus padres, posta, tienen un sentido común que rara vez tenemos por nuestra propia cuenta). Yo amaba el perfil «princesa» de las chicas, me gustaban las mujeres femeninas y delicadas, pero aprendí que también necesitaba que mi compañera no le tuviera miedo a nada, que se animara tanto a un viaje misionero como a un hotel 5 estrellas, que comiera en banquetas y sentada a un costado del camino, que pudiera comer un sándwich en una estación de trenes y, a los dos días, estar con un vestido impresionante en un lindo restaurant. ¡Ojo! No digo que todas las mujeres tengan que ser así, digo qué es lo que buscaba porque a mí me gustaba, y lo que también yo estaba necesitando.

En nuestro casamiento, cuando mamá tomó el micrófono en la ceremonia, le dijo: «Naty, sos una princesa todo terreno». ¡Yo quería aplaudir de la emoción! Lo había logrado, había conquistado a la mujer de mi vida y, gracias a Dios, quiso casarse conmigo -muy valiente de su parte, siendo que no tenía mucho para ofrecerle en su faceta de princesa-. Se casó con el príncipe sin caballo y sin traje azul, ¡jaja! Han pasado cinco años desde que nos casamos, y no me arrepiento ni un segundo de amarla. Naty es mucho mejor que lo que yo quería, en todos los sentidos. Es más de lo que podía esperar y amar, pero, además, es lo que necesito.

Para lograrlo, muchas veces, tendrás que cambiar lo que buscás. Confiá en los criterios de Dios, te lo aseguro, Él no quiere que te cases con alguien que no te gusta (tranqui, no terminarás con un feo, al menos no será feo para vos). Dios sabe lo que te gusta, pero, una vez más, sabe mejor que nadie lo que necesitás. Quiero que, a tus criterios, superpongas **sus** criterios.

Criterio personal	**Criterio de Dios**
Lindo físicamente.	Que te resulte la persona más atractiva de tu universo.
Con dinero.	Con sabiduría, incluso para administrar y generar dinero.
Que me trate bien.	Que ame a Dios, así siempre te tratará bien.
Que hable bonito.	Que tenga carácter bonito.
Que me regale cosas.	Que sepa de honra, así sabrá honrarte incluso cuando no hayan regalos.
Que cante bonito.	Que adore bonito.
Que me presuma en redes.	Que te respete en lo íntimo.
Que tenga auto.	Que sea esforzado, así algún día, pase lo que pase, tendrá su auto.
Que sea famoso.	Que sea influyente. No importa cuántos, tendrá discípulos.

Que sea profesional.	Que quiera crecer en conocimiento y sabiduría, algún día será profesional.
Que se vista bien.	Que sepa escuchar consejos. Si sabe escuchar consejos, le enseñarás a vestirse bien.

Cuando hablo de cambiar lo que buscás, también tenés que saber que no siempre te encontrarás con el «modelo terminado». Cuando Naty me miraba, era con mucha fe, pero es bueno que no exijas lo que no podés ofrecer. Nadie está recibido con casa, coche y dinero en el banco a los 23 años; y, si lo hay, es porque lo heredó o se lo facilitaron sus padres, lo que no está mal, pero no es ningún indicador de esfuerzo o mérito propio. Las posesiones materiales a temprana edad no dicen mucho de la persona, hablan de la familia y del entorno de donde viene la persona. Si tu próximo novio tiene dinero, fantástico; no lo digo como algo negativo, simplemente digo que no debería ser un indicador para saber si es o no la persona indicada para vos (a menos que te interese solamente el dinero, que, creeme, es importante pero tampoco es argumento suficiente para sostener una relación; la mayoría de las parejas se divorcian por dinero todos los días).

CRECER EN DONDE ESTOY VERDE

Hemos hablado mucho de lo que buscás, pero ahora te toca mirar hacia tu interior. ¿Dónde tenés que crecer? ¿En tus emociones? ¿En tu carácter? ¿Iniciaste y terminaste varias relaciones, y siempre los motivos son similares? Considero que siempre que se termina una relación hay algo de culpa de ambas partes (a menos que haya engaño, como dije anteriormente). De seguro, existen áreas en las que tenés que crecer. Revisá con atención, escuchá tus voces de confianza y preguntales: ¿En qué cosas consideran que tengo que crecer?

Parte de crecer, también, es **superar**. En mi primer libro, en el capítulo *Desamor,* escribí:

> Quizá hoy no lo podés ver,
>
> Pero creeme, hay que dejar ir lo peor para dar lugar a lo mejor.
>
> La próxima vez será distinto.
>
> Habrás aprendido que se puede enamorar sin llorar.
>
> Estarás más fuerte,
>
> Sin resentimiento y encontrando otro sentido.
>
> Hay una relación sana esperándote.
>
> Una basada en el amor en lugar del dolor.
>
> Hay un Dios listo para ayudarte a sanar,
>
> Es momento de perdonar y de avanzar.
>
> Y, aunque hoy cueste creerlo, **lo superarás**

Nota: esta es una paráfrasis, podés leer el capítulo completo en *Descubriendo la Posta*

SE SANA EL CORAZÓN CUANDO PERDONASTE A QUIEN NUNCA TE PIDIÓ PERDÓN

¿Cómo sanar después de tanto dolor?

El desastre de lastimar. El arte de perdonar.

Dicen que la única forma de caminar liviano es caminar sin rencor.

A veces pareciera que el dolor es tan fuerte que se nos hace imposible perdonar.

Pero no es así, se puede.

Es el primer paso para sanar el corazón: perdonar incluso a quien nunca te pidió perdón.

Perdonar es una decisión que nos toca a nosotros. Nos encantaría que le naciera al otro, pero no es recomendable estancarse esperando que eso suceda.

Cabe aclarar que perdonar no es olvidar.

Perdonar es recordar sin dolor.

Y hoy te perdono, pero no me olvido, aprendo.

Masoquista es el que se deja lastimar, más de una vez, por alguien que sabe que no ha cambiado.

El que cambia no lastima. O, por lo menos, no dos veces de la misma manera.

Es importante saber que perdonar no implica reconciliarnos.

El perdón depende de mí, reconciliar depende de ambos.

Querer estar dispuesto a uno no implica tener que estar dispuesto a lo otro.

No perdonar es como tomar veneno y pretender que muera el otro. Te lastima a vos.

Por eso te recomiendo dejar ir el dolor, el rencor y el resentimiento.

Quitar la culpa. Perdonarse a uno mismo.

Abrazarse al amor de papá.

Entender que perdonar es un proceso que puede comenzar hoy, pero dudo que termine hoy.

Se puede, el momento es ahora.

Bonus 👇

Hay solo uno que, así como perdona, reconcilia.

Él ya nos perdonó.

Él quiere relacionarse con nosotros.

No recuerda el error, el fracaso ni la infidelidad.

Él siempre quiere estar cerca, amar y perdonar.

Perdonar para transformar y mejorar.

Jesús.

#LaPosta

RED FLAG
RED FLAG
RED FLAG
RED FLAG

SEXO

Nadie lo dice, pero el pecado debilita las relaciones. Las mentiras debilitan las relaciones, la codicia debilita las relaciones, la manipulación debilita las relaciones, el orgullo debilita las relaciones, la fornicación, la lujuria, la envidia. Todo eso debilita cualquier relación.

El pecado nos aleja de Dios, y alejarnos de Dios, también, debilita cualquier relación.

Cuando un cuarto está a oscuras, el desorden no se puede ver, pensamos que todo está en su lugar. Pero cuando prendemos la luz, notamos las zapatillas en el piso, la cama desordenada, la ropa sucia en una esquina de la habitación.

Lo que te propongo en este capítulo tiene que ver con *prender la luz, construir sin ocultar.*

> *«Esta es la causa de la condenación: que la luz vino al mundo, pero la humanidad prefirió la oscuridad a la luz, porque sus obras eran malas. Pues todo el que hace lo malo aborrece*

la luz y no se acerca a ella por temor a que sus obras queden al descubierto. En cambio, el que practica la verdad se acerca a la luz, para que se vea claramente que ha hecho sus obras en obediencia a Dios».

Juan 3:19-21, NVI

En mi experiencia, he notado un patrón común en las relaciones que empiezan a fracasar, y es que, un tiempo antes de que pase, comenzaron a esconderse cosas. Se juntaban a escondidas, se besaban a escondidas; pasó el tiempo y se acostumbraron a ocultar: nadie los veía, nadie sabía cómo estaban ni qué era lo que les pasaba. Se vuelve muy difícil anticiparles que algo puede andar mal porque se esconden.

APRENDÉ A TRAER LUZ A TU VIDA Y EN TU RELACIÓN TAMBIÉN.

¿TUVISTE UNA DISCUSIÓN QUE TE DEJÓ PREOCUPACIÓN? HABLALO.

¿SENTISTE QUE SE PASARON LOS LÍMITES FÍSICOS? HABLALO.

¿CREÉS QUE UNO DE LOS DOS CRUZÓ UNA LÍNEA DE RESPETO? HABLALO.

PRENDER LA LUZ ES CONFESAR, BUSCAR A DIOS, BUSCAR AYUDA Y PEDIR CONSEJO.

NO ME QUEMÉEESS

La expresión *touch and go* hace referencia a las relaciones con poco compromiso, inestables, superficiales, dónde solo *toco y me voy*. Considero que hay todo un contexto que promueve esto, no es novedad que estamos en un mundo hipersexualizado: es común ver publicidades de cualquier cosa con un tono sexual, o las series plagadas de lenguaje e imágenes sexualmente explícitas; y, esto, lleva a que la sexualidad no solo esté alentada, sino que está impuesta, y se la termina normalizando. Llevándolo a nuestro cotidiano, como resultado, las *stories* de *Instagram* suelen ser subidas de tono y las publicaciones más simples como, por ejemplo, un *vlog* de café, tiene cierta sensualidad (incluso por creadores de contenido cristianos). Me decepciono cuando veo fotos provocativas con un versículo al pie, un *challenge* de TikTok «inocente» donde todos se suman como algo inofensivo pero se están moviendo con intencionalidad para la seducción, o la foto en cuero del pibe en la previa a ir a la iglesia. Por otro lado, entiendo por qué sucede esta normalización social, el hecho de sexualizarlo todo. Y, pareciera no haber nada de malo en eso. Pero sí lo hay, y creo sinceramente que esto nos lastima, nos cosifica y promueve el uso de las personas. Es un *touch and go* que lastima nuestra autoestima, pone en jaque nuestra identidad y, en algún punto, nos hace dejar de creer en el verdadero amor. Quizá parezca exagerado mi punto de vista, y algunos piensen «*No es pecado una foto en cuero o la storie que quiero subir*». No digo que sea pecado, digo que promueve algo que no está bueno, y arranco por acá porque considero que tenemos un problema con lo sexual. Lo tenemos naturalizado e internalizado, aún dentro de nuestras iglesias.

Creo que si a este panorama le sumamos el crecimiento de la industria pornográfica de los últimos tiempos, la accesibilidad que tiene y el impacto directo desde una temprana edad, la cosa se pone más compleja todavía. El *porno* muchas veces termina siendo el concepto que tenemos del sexo, y dejame decirte que no es un buen maestro para tu sexualidad. Nos hace creer que todo debe ser casual, sin compromiso y meramente físico. Está plagado de violencia, uso, abuso y maltrato. Ese no es el sexo que Dios diseñó.

Este tipo de cultura promueve el *usar al otro para saciarse*; es lo que Pablo decía en Efesios: «*Han perdido toda vergüenza, se han entregado a la inmoralidad y* ***no se sacian*** *de cometer toda clase de actos indecentes*» (Ef. 4:19).

A medida que consumimos algo sexualizado precisaremos mayor estímulo para lograr satisfacernos. Entonces, las imágenes se volverán más fuertes, la necesidad de mayor estímulo para lograr la misma sensación de placer te demandará más. Sucede que la vara de «lo permitido» irá ascendido día a día, hasta permitir cosas que antes no veíamos.

Hablo con jóvenes y adolescentes todas las semanas y, cuando logramos una conversación sincera, profunda y honesta, la mayoría de las veces me suelen decir «*La verdad no sé para qué me apuré a tener encuentros sexuales, la realidad es que ni los disfruté, o me sentí usado o maltratado*». Es fuerte decirlo, pero es lo que debemos esperar cuando el sexo está movilizado solamente por un impulso de atracción, y no por amor.

Converso mucho sobre este tema con personas que no pertenecen al entorno de una iglesia, y me dicen: «*Me gustaría conocer a alguien que realmente me quiera, aunque no haya sexo por ahora*» o «*Es difícil encontrar alguien que te quiera más allá que por tu físico*». Cosas como estas me hacen notar que, en realidad, nadie prefiere, honestamente, la cultura de satisfacerse con el «uso» del otro. Todos pretenden ser amados de verdad, pero terminan usando el sexo como moneda de intercambio: te brindo un poco de sexo a cambio de un poco de amor. Y no funciona así.

Dios inventó el sexo, el diablo inventó el *porno*.

EL PORNO NO ES SEXO. EL VERDADERO SEXO INCLUYE AMOR Y EL PORNO NO SABE NADA DE ESO.

SEXO SEGURO

> **«EN EL SEXO SEGURO (EN EL MARCO DEL MATRIMONIO), ES DONDE TU CORAZÓN, MENTE Y CUERPO ESTÁN MÁS SEGUROS. ALLÍ ES DONDE LA SOCIEDAD ESTÁ MÁS SEGURA».**
>
> **BEN STUART.**

Necesitamos volver al origen de todo esto: a Dios, quien creó el sexo. Antes de continuar, quiero que entiendas algo: ¡El sexo está buenísimo! El sexo no es malo, lo malo es alejarse del plan que Dios tiene para el sexo. Si Dios hubiese establecido que podemos tener sexo con todo el mundo, no habría problema con eso; pero Dios estableció que el sexo sea dentro del matrimonio.

La Biblia tiene versículos y hasta un libro completo haciendo referencia al sexo y al amor romántico: Cantar de los cantares. En este libro de poesía encontramos versículos que demuestran que el sexo no es solo para procrear, para tener hijos, sino que también es para divertirse, disfrutar, pasarla bien, amarse con una conexión tremendamente profunda. **Pero siempre dentro del matrimonio.**

La Biblia es clara cuando nos pide que nos apartemos de la inmoralidad sexual, que nadie perjudique ni se aproveche del otro: *«La voluntad de Dios es que sean santificados; que se aparten de la inmoralidad sexual; que cada uno aprenda a controlar su propio cuerpo de una manera santa y honrosa, sin dejarse llevar por los malos deseos como hacen los paganos, que no conocen a Dios. Y que **nadie perjudique** a su hermano **ni se aproveche** de él en este* *asunto. El Señor castiga todo esto, como ya hemos dicho y advertido. Dios no nos llamó a la impureza, sino a la santidad»* (1 Tesalonicenses 4:3-7).

«Aprovechar» significa tomar lo que no te pertenece. La Biblia es clara, pero al mismo tiempo es práctica e intencional en cuidarnos y cuidar al otro. Nos enseña a no usar al otro, a respetarlo sin cruzar un límite que no corresponde. La Biblia, más que una lista de cosas que no podemos hacer, me resulta un manual para cuidarnos en la vida, alcanzar el verdadero amor y vivir en plenitud.

Hay dos formas de entenderlo: antes, equivocándonos lo menos posible, o después, con la propia experiencia, volviendo lastimados con un sinfín de experiencias complejas y poco saludables. La realidad es que, además de desagradar a Dios, el pecado siempre tiene consecuencias, pero eso debemos evitarlo.

Con este capítulo no te quiero hacer sentir culpable ni juzgarte, no soy quién para hacer eso. Sí quiero proponerte que, en tus relaciones, te propongas vivir en pureza. Siempre hay bendición en la pureza, lo he visto en matrimonios que se proponen casarse en integridad, y lo logran. Hay otro tipo de favor de Dios, e incluso, cuando de cortar la relación se trata. Es muy diferente hacerlo cuando llegaron a un nivel de intimidad sexual a cuando no lo hicieron.

Si en el pasado cruzaste límites, no te juzgo por eso, pero te propongo, de ahora en más, vivir en pureza sexual. Que puedas esperar para el sexo hasta que te cases con esa persona especial (esto incluye *sexchat*, *sexcam*, *nudes*, *packs*, sexo oral y todo lo que incluya el prefijo «sex»). Vivir en pureza sexual es más que virginidad. Llegar virgen al matrimonio es una parte, pero no es el todo.

Si perdiste tu virginidad, podés ser puro: la pureza es algo que podemos recuperar mediante la confesión. Una relación pura tiene futuro. Conozco gente virgen impura y gente que, con pasado sexual, ha alcanzado un nivel de pureza admirable en su relación actual.

Como en todo el libro, quiero compartir mi forma de ver y de vivir lo que creo. Con Naty, gracias a Dios, logramos llegar vírgenes hasta el matrimonio. No fue fácil, realmente nos gustamos mucho. Como les conté, antes de casarnos, ella vivía sola en un departamento y yo en otro, y nos propusimos no visitarnos durante esos meses previos. ¿Parece exagerado? ¡Para una atracción exagerada necesitábamos medidas exageradas, jaja! Hoy realmente sentimos que hay bendición especial en esto. Disfrutamos nuestra sexualidad y, por eso, lo recomiendo de esa manera. Hemos encontrado plenitud en agradar a Dios y hacerlo parte de todas las áreas de nuestra vida. ¡Te recomiendo hacer lo mismo!

SI TU PAREJA NO LO ENTIENDE, NI LO QUIERE VER ASÍ, TE ANIMO A QUE REVISES SU RELACIÓN CON DIOS. MIS GANAS DE PECAR NO PUEDEN SER MÁS GRANDES QUE MIS GANAS DE AMAR A DIOS Y A MI PAREJA.

Cierro este capítulo con una lista de tips para darle practicidad al asunto:

» Si vivís mostrando tu físico y centrándote solo en eso, no pretendas que alguien se enamore de tu corazón.

» La pureza la debemos alcanzar de forma personal, antes que procurarla como pareja. Poné filtros en tu celular, hacé un detox de contenido sensual y erótico de todo tu alrededor.

» Como pareja deben querer lo mismo, no es solo responsabilidad de la mujer ni solo del hombre. Este plan para la pureza es de ambos, conversen honestamente si quieren agradar a Dios y hagan lo necesario para eso.

» No importa cuánto pasado incluye tu historia, importa el presente y el futuro en Dios. No te resignes por tu pasado, al contrario, Él hace todas las cosas nuevas.

» Evitá el estar en el coche a solas, en el departamento a solas, las vacaciones a solas. ¡No sean giles! El que juega con fuego, se quema.

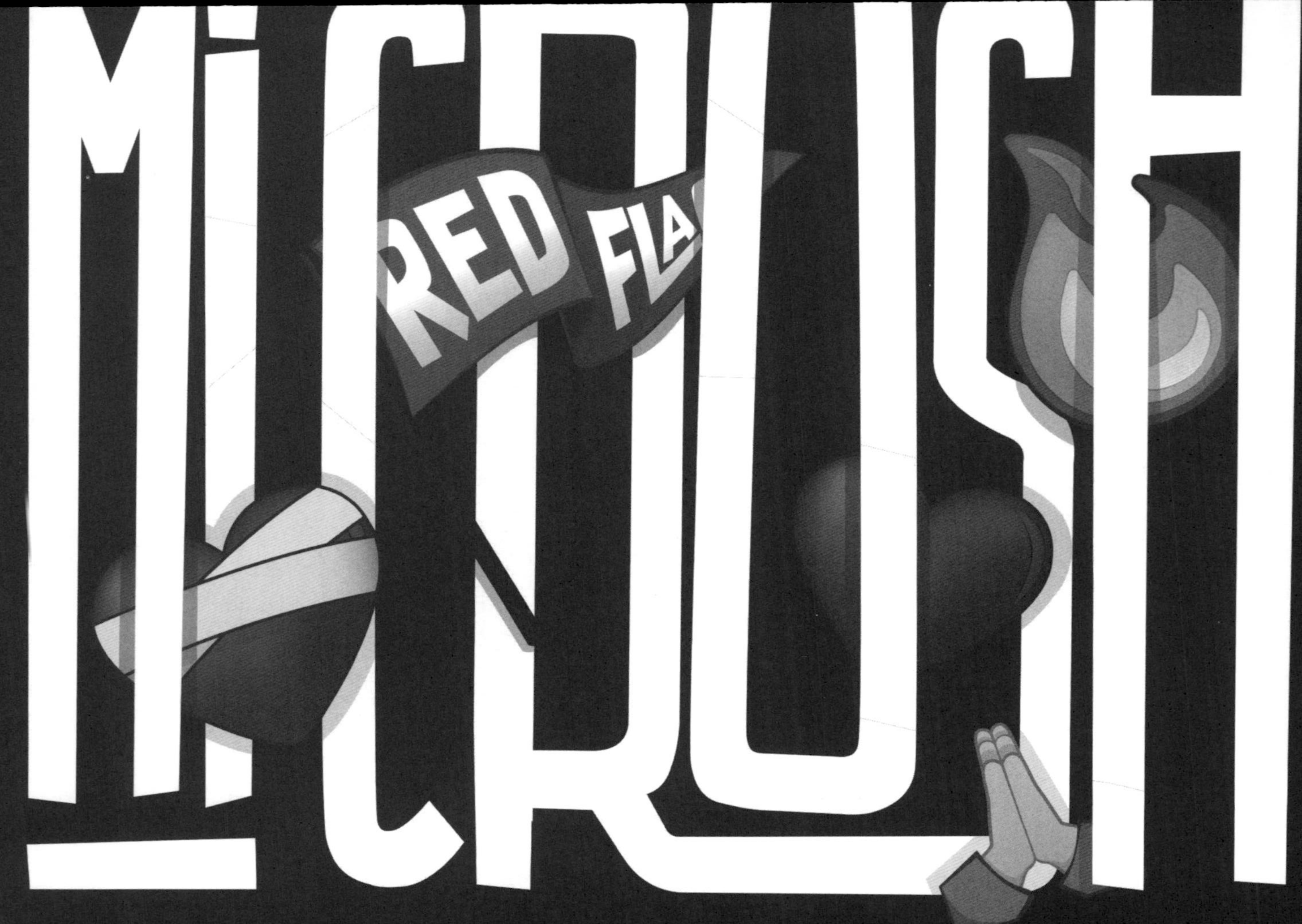
Mi CRUSH
RED FLA

LA FAMILIA QUE ELEGÍS CREAR

Puede ser que vengas de una familia donde tus papás se separaron o los modelos cercanos que tenés de matrimonio no te inspiran demasiado. Quiero decirte que no importa el pasado, o de dónde vengas, con Dios siempre podés escribir una nueva historia, incluso cuando se trata de familia. Las Biblia nos enseña que *«todo el que pertenece a Cristo se ha convertido en una persona nueva. La vida antigua ha pasado; ¡una nueva vida ha comenzado!»* (1 Corintios 5:17). ¡Casarse está buenísimo! Es la oportunidad perfecta para elegir cómo empezar tu propia historia.

Mis papás son excelentes, los amo y siempre me mostraron un hermoso ejemplo de matrimonio: buena comunicación, responsabilidad afectiva y amor. Obviamente no son perfectos, pero sí íntegros. Sin embargo, no fue el mismo ejemplo que tuvo mi papá. Mi abuela falleció cuando papá tenía tres años y mi abuelo era alcohólico; y falleció cuando él era adolescente. Mi papá creció sin ver un modelo de matrimonio, con muchas carencias, necesidades y todo lo que implica quedarse sin padres en la adolescencia. Lo loco de esto es que, cuando vos hablás con él, no se le nota; es un excelente padre y esposo, realmente no pareciera que no tuvo un ejemplo a imitar.

Un día le pregunté: «¿Papá, cómo hiciste? ¿Cómo fue que aprendiste a ser tan buen padre y esposo?». Recuerdo que me contestó: *«Cada vez que no sabía qué hacer, hijo, le pedía a Dios: enseñame a ser un buen esposo, enseñame a proveer a mi casa, enseñame a criar a mi hijo. Dios, enseñame todo, porque yo no sé».*

Esta respuesta quedó grabada en mi corazón, hoy puedo hablar y escribir sobre relaciones gracias a Dios, a mi esposa y a mis padres que me mostraron todo el ejemplo que ellos mismos, muchas veces, no tuvieron.

No sé en qué casa creciste, no sé cómo fue el matrimonio de tus viejos, pero el tuyo puede ser diferente. Ahora depende de vos. No elegís la familia donde nacés, pero sí elegís la familia que vas construír. Vos elegís desde dónde empezar.

Quizás, los comentarios comunes, te hayan hecho creer que el primer año de casados son ollas volando, discusiones, peleas, dramas y que todo va a estar mal, que la vas a pasar muy duro, que te va a faltar plata, etcétera. No tiene por qué ser así, siempre se pueden establecer acuerdos. La clave es entender que no todo es color de rosas, pero que siempre se puede alimentar el amor. El matrimonio se debe disfrutar. No hay nada tan lindo como entrar a tu casa y que el amor de tu vida está ahí.

La base para un buen matrimonio es que Dios siempre esté en medio. Esta es la garantía de que el amor siempre estará. Como con mi papá, Él te enseñará lo que no sabés o lo que tus padres no te supieron enseñar o mostrar. Y, como segunda base, es bueno conocerse bien. Si llegaste hasta esta parte del libro, muy probablemente fuiste evaluando y analizando tu relación, etapa por etapa, desde diferentes aspectos.

Antes de finalizar esta sección, realmente quiero recomendarte el casamiento. Quiero animarte a que te cases, porque realmente lo vale. Es otra etapa de la vida y, como hemos dicho, en cada etapa se puede disfrutar. Cada uno irá proponiendo el modelo de familia que sueña y quiere. ¡Disfrutalo!

TRES CLAVES PARA DISFRUTAR EL COMIENZO DE TU MATRIMONIO

APRENDER A COMUNICARSE

Al principio es clave la comunicación, contar al otro lo que nos pasa, lo que esperamos y, al mismo tiempo, estar abierto a escuchar con empatía. Lo que al otro le pasa es tan importante como lo que a vos te pasa. Siempre tratá el desacuerdo, el conflicto, pero sin atacar a la persona. Por ejemplo, «En este momento me hablaste mal y me dolió» suena muy distinto a «Sos mala persona y siempre me tratás mal». El matrimonio es una adaptación, en muchos aspectos; por eso comenzar por aprender a comunicarse es sumamente importante para el resto de las adaptaciones. No hay que tenerle miedo, porque en cada desacuerdo hay que tener presente que ambos quieren lo mismo: llevarse bien, construir un hogar y ser felices a medida que alcanzan la plenitud en Cristo.

ESTABLECER ACUERDOS

Una vez que hayan aprendido a comunicarse, toca establecer acuerdos: ¿Qué esperamos el uno del otro? ¿Ambos vamos a trabajar? ¿Uno trabaja y el otro estudia? ¿Uno se ocupa de la casa y el otro de proveer para la casa? ¿El que cocina lava los platos, o uno cada cosa? ¿El último que se levanta tiende la cama? Cada familia tiene sus dinámicas; hay modelos más tradicionales y hay quienes se replantean constantemente lo que quieren. No voy a profundizar mucho en esto (quién sabe, quizá, a futuro, haya un libro sobre «la posta para matrimonios»), solo quiero dar principios saludables y generales.

El acuerdo consiste en que no es del todo ni lo que vos querés, ni lo que el otro quiere. El acuerdo no se encuentra en los extremos: está en algún punto medio entre todas esas expectativas que ambos tienen. Los dos tienen que ceder y definir qué exigir para alcanzar acuerdos sostenibles en el tiempo.

INTENCIONALIDAD SUPERA INTENSIDAD

Este principio se lo escuché por primera vez a John Maxwell en una conferencia, y me impactó tanto que decidí implementarlo en todas las áreas de mi vida. Me ha tocado hablar sobre esto con matrimonios que llevan más de 40 años casados y me han dicho: «Me habría encantado haber escuchado esto antes».

APLICA PARA TODO:

» Una conversación intencional de 15 minutos es más relevante que tres horas de hablar sobre la nada.

» Un abrazo dado con amor, y en el momento preciso, puede superar mil palabras dichas sin convicción.

» Separar momentos de oración por la mañana, los dos juntos, enfocados en lo que Dios tiene para cada día puede superar todo un día de reuniones.

» Un gesto pequeño, como escribir una nota dando gracias, puede ser más poderoso que un regalo costoso, pero sin conexión emocional.

» Una cita sencilla pero intencional, como una conversación profunda durante un paseo en el parque, puede ser más memorable que un día completo en un lugar lujoso sin prestar real atención.

» Tomarse 10 minutos antes de dormir, para orar juntos, puede transformar su día más que pasar horas juntos en silencio mirando el celular.

«INTENCIONALIDAD SUPERA INTENSIDAD».

NO HACE FALTA QUE SEAN INTENSOS, HACE FALTA QUE SEAN INTENCIONALES.

MI CRUSH
RED

¿QUÉ PASA SI NO ME CASO?

Muchas veces hemos promovido la idea de que el matrimonio es el destino inevitable de toda persona. Desde la iglesia, hasta la presión cultural y familiar, se ha sembrado la expectativa de que la felicidad plena solo se alcanza en pareja. Sin embargo, hay que reconocer que está la opción de permanecer solteros. Ya sea por convicción, vocación o circunstancias. ¿Está mal no casarse? ¿Qué dice la Biblia sobre este tema?

SOLTERÍA NO ES SOLEDAD

La soltería se define como el estado o la condición del soltero. Es, simplemente, el estado civil de quien no se ha casado. Por otro lado, soledad es la carencia voluntaria o involuntaria de compañía, también definida como «sensación angustiante de estar solo o separado de los demás». Hay muchas personas que están casadas y, sin embargo, se sienten solas, carentes de esa compañía; o están casados y, en vez de disfrutar la vida en pareja, luchan con el temor a la soledad, y experimentan esa sensación angustiante a pesar de no estar solos. En la vida del cristiano, la soltería no es sinónimo de soledad, porque, en Jesús, no tenemos carencia de compañía. Tenemos una promesa poderosa de que estará con nosotros todos los días, hasta que venga a buscarnos.

Desde la soltería también se puede experimentar una vida plena. Estar soltero no significa carencia de amor ni aislamiento, sino una oportunidad para profundizar en tu propósito de vida, con Dios y los demás. Tener pareja es una de las tantas áreas importantes de la vida pero no la única. Existen otras áreas que debemos desarrollar, como el trabajo, la vocación, el ministerio, etcétera. Se puede avanzar en todo lo demás.

El matrimonio es una bendición, pero no es el único camino que Dios ha preparado para sus hijos. En 1 Corintios 7:8, el apóstol Pablo escribe: *«A los solteros y a las viudas les digo que sería mejor que se quedaran como yo»*. Pablo reconoce que la soltería no es una desventaja, sino una oportunidad para vivir plenamente enfocados en el propósito de Dios.

LA SOLTERÍA COMO UNA OPORTUNIDAD PARA EL SERVICIO

La soltería ofrece una libertad única para servir a otros y al Señor, sin las responsabilidades adicionales que el matrimonio y la familia implican. Cuando estamos casados debemos disponer de tiempo para nuestra pareja, tiempo de calidad para nuestros hijos, tiempo en familia. En la misma carta a los Corintios, unos versículos más adelante, Pablo lo expresa claramente: «*Yo preferiría que estuvieran libres de preocupaciones. El soltero se preocupa de las cosas del Señor y de cómo agradarlo. Pero el casado se preocupa de las cosas de este mundo y de cómo agradar a su esposa; sus intereses están divididos*».

Esto no significa que el matrimonio sea menos espiritual, sino que la soltería permite un enfoque diferente. Una persona soltera puede tomar decisiones y asumir compromisos sin las restricciones que podría tener alguien casado.

Por ejemplo, alguien soltero puede decidir mudarse a otra ciudad o país para servir como misionero, dedicar más tiempo a discipular a otros, liderar ministerios o trabajar en proyectos de alcance social. Claro que alguien casado también puede hacerlo, pero deberá tener en cuenta a su familia en todas esas decisiones, y cómo podrían afectarla. Si se muda de ciudad, deberá contemplar colegios, escuelas, clubes. Deberá entender si el lugar elegido es el mejor y cumple las expectativas de todos los integrantes de la familia. Quien no tiene esos compromisos tiene mayor libertad para actuar.

SOLTERÍA EN PLENITUD

A menudo, el mundo equipara la felicidad con estar en pareja, pero la Biblia enseña que nuestra plenitud se encuentra en Jesús, no en una relación humana. Colosenses 2:10 dice: «*y en él, que es la cabeza de todo poder y autoridad, ustedes han recibido esa* ***plenitud***».

El matrimonio no es la solución a un corazón insatisfecho: solo Jesús puede llenar ese vacío. No nos casamos para sentirnos amados, sino para compartir nuestro camino con otra persona. Tanto solteros como casados podemos (y debemos) cultivar una relación íntima y profunda con Dios, y descubrir que Él es suficiente.

LA SOLTERÍA NO ES UN DESTINO MENOR NI UN PLAN B.

ES UNA ELECCIÓN VÁLIDA QUE PUEDE ESTAR LLENA DE SIGNIFICADO Y PROPÓSITO CUANDO SE VIVE EN OBEDIENCIA A DIOS.

NUESTRO ESTADO CIVIL NO DEFINE NUESTRA IDENTIDAD NI NUESTRO VALOR, SOLO JESÚS LO HACE.

DESDE LA SOLTERÍA TAMBIEN SE PUEDE EXPERIMENTAR UNA VIDA PLENA

RED FLAG
RED
FLAG

LOVE STORY

Hemos realizado un recorrido extenso sobre las relaciones, y podemos concluir que cada persona tiene su propia historia de amor. Hay quienes se enamoran una sola vez y para siempre, y porque su amor fue correspondido, quedaron totalmente felices con eso. Otros son más enamoradizos, fueron y vinieron varias veces, tuvieron muchos gustos y su vida amorosa se asemeja bastante a una historia digna de novela dramática. Pero, cada historia es distinta.

Por eso, creo que algunos capítulos de este libro te resultaron más significativos que otros, por el momento en el que te encontrás. Los otros, probablemente, quedarán pendientes para más adelante.

En definitiva, te aliento a vivir una historia digna de contar, una que merezca ser mostrada, imitada y disfrutada. No hay una fórmula secreta, pero sí principios prácticos, sabiduría que puede aplicarse, emociones que deben gestionarse y lecciones que necesitan ser aprendidas.

Hay un principio más que es clave: **Dios en medio.** Me he dado cuenta de que, en cualquier relación donde Dios está en el centro, hay mayores probabilidades de que funcione. Y, en caso de que no sea así, será menos doloroso terminar.

Quizás la historia de amor de tus padres no te inspira, tal vez la de tus hermanos tampoco. Puede que tengas una amiga o amigo que, desde que su historia de amor no funcionó nunca más se animó a confiar. Pero tu historia puede ser diferente. Te animo a creer y a desear una historia de amor distinta, donde Jesús permanezca presente todo el tiempo en la ecuación.

El primer paso ya lo estás dando: aprender sobre el tema, incursionar en estas ideas. Ahora toca tomar algunas decisiones. Si estás conociendo a alguien de quien no te sentís seguro, hacé las preguntas correctas, tomá las decisiones necesarias y tené todas las conversaciones incómodas que hagan falta.

SI TODAVÍA NO HAY NADIE, AMPLIÁ TUS CÍRCULOS. BUSCÁ CONOCER UN POCO MÁS ALLÁ.

Si tenés dudas, pedí consejo, releé el capítulo sobre «red flags», verbalizá lo que te pasa y comunicá tus inseguridades.

SI TODAVÍA NO HAY NADIE Y ESTA SITUACIÓN TE PREOCUPA, QUEDATE

TRANQUI. HACIENDO LOS CAMBIOS NECESARIOS, ESTOY SEGURO DE QUE TENDRÁS LA PREPARACIÓN NECESARIA PARA UNA HISTORIA DE AMOR QUE DISFRUTARÁS VIVIR. TU «CRUSH» ESTÁ POR AHÍ.

Por último, no olvides que *sos el crush de Dios*. Él te ama infinitamente. Por eso, es en vano insistir en esta búsqueda de amor lejos de Dios. **¡Él es amor!** Lo necesitás para amar, para animarte al amor y para conocer el estándar.

ANIMARTE A AMAR ES UNA DE LAS MAYORES MUESTRAS DE VALENTÍA.

NUNCA TE RESIGNES A UNA HISTORIA SIN AMOR.

NUNCA TE REBAJES A UNA RELACIÓN QUE SE BASE SOLO EN ATRACCIÓN.

NO TE CONFORMES CON POCO RESPETO.

NO TEMAS QUEDARTE SOLO O SOLA.

AMA. AMA COMO DIOS AMA, Y TE PUEDO ASEGURAR QUE TENDRÁS UNA HISTORIA DIGNA DE CONTAR.

CON CARIÑO.

LUCAS

#LAPOSTA

LUCAS MARIN

¡Hola! Soy Lucas Marín. Estoy casado desde hace más de cinco años con Naty, mi compañera de vida, aventuras y ministerio. Juntos, amamos profundamente a Dios, la iglesia y a las nuevas generaciones, esas que creemos que tienen un potencial increíble para transformar el mundo. Formamos parte del equipo pastoral en *Centro Familiar Cristiano de Martínez*.

Nací en Mendoza, y fue allí donde comenzó mi amor por Dios y el trabajo con jóvenes y adolescentes. Era apenas un adolescente cuando empecé a servir, y esa pasión jamás se apagó; de hecho, sigue siendo el motor de muchas de las cosas que hago. Hace ya 10 años vivo en Buenos Aires, una ciudad que me ha permitido expandir mi visión y desafíos en el ministerio.

Soy Ministro Autorizado por la Unión de las Asambleas de Dios (UAD), Vicepresidente Nacional de Jóvenes de esta organización, y parte del equipo de *Maxwell Leadership*, trabajando desde la fundación de John Maxwell en la formación de jóvenes líderes. Además, me dedico a la enseñanza como profesor en materias relacionadas con adolescentes y preadolescentes en *IBRP* y *EMJ*. Soy licenciado en teología y coach ontológico profesional, siempre buscando aprender más y especializarme en el área de adolescencia y preadolescencia.

Soy el autor de *Descubriendo La Posta*, mi primer libro, en el que comparto sobre descubrir nuestra identidad, propósito y relaciones sanas en Dios. También he tenido el privilegio de viajar por toda Argentina y Latinoamérica predicando y disertando en conferencias, conectando con miles de personas y siendo testigo del impacto que Dios puede hacer en las vidas.

Me gusta pensar que soy un *influencer* y escritor por hobby, pasión y disfrute. Cada día, más de 20.000 adolescentes aprovechan el contenido que comparto, lo cual me llena de gratitud y me impulsa a seguir creando.

Dios me ha permitido vivir con propósito y trabajar por las cosas que amo: la iglesia, las nuevas generaciones y el desarrollo de líderes que marquen la diferencia. Este libro es una de las tantas maneras en las que quiero contribuir a eso.

Nos vemos en Insta: ***@lucas_marin7***